智慧之劍

永嘉證道歌講錄

【大字版】

聖嚴法師 著

莊國彬 譯

謝詞

我要感謝我的弟子、學生和朋友，由於他們的貢獻，這本書才得以問世。王明怡、保羅・甘迺迪（Paul Kennedy）、丹・史蒂文生（Dan Stevenson）、李佩光（Pei-gwang Dowiat），他們非常專業地將我在禪七期間的晚間開示翻譯成英文。Dorothy Weiner、Nancy Makso 和 Echo Bonner 很辛苦，且很有耐心地將開示錄音帶記錄成文字，好讓編輯者較容易作業。

要將開示的內容彙編成一本書是不容易的。要感謝 Ernest Heau、于君方教授、Gregory B. Talovich 和 Sebastian Bonner 等很仔細地整理這些開示，然後由克里斯多夫・馬拉諾（Christopher Marano）將幾位敘述的方式彙整一致。雖然最後的彙編工作是由克里斯多夫所做，但是前置作業也是功不可沒。對於這些人的努力，我是由衷地感激。我也要感謝 Nancy Patchen、司徒．洛克（Stuart Lachs），特別是 Harry Miller，對於這本書的流暢度和語氣，提供了他們寶貴的意見和建議。還有 Jonathan Bardin 和 Alan Rubinstein，很認真地校對本書的最後一校。

一本書的呈現不只是文字而已。感謝 Page Simon 設計了本書英文版的版型和封面，也感謝 Lili Lauritano Grady 的封面攝影。我也要特別感謝 Trish Ing 負責聯繫、協調每一個環節，讓這本書能夠順利出版。

最後，我要對參加禪七的人表達最深的感謝，若沒有他們，也就不會有說這些禪法的機會。

聖嚴

前言

從一九八二年到一九八五年之間，我講說了一系列永嘉玄覺禪師的〈永嘉證道歌〉。這些都是在禪七期間的開示，目的是幫助學員了解佛教的概念，以便能夠好好地修行。

永嘉禪師是唐朝人，生於西元六六五年，歿於七一三年，得年四十八歲。他的名字來自他所出生的地方——永嘉（位於現在的浙江省），法名為明道，意即「明亮的道路」。

他在年紀很小的時候就出家修行，一生大部分的時間都待在永嘉附近。他跟隨過幾位天台宗的師父學習。他與玄朗禪師（六七三—七五四）是好朋友，玄朗禪師也就是後來的天台宗五祖。之後，他在浙江溫州龍興寺蓋了間小小的茅草屋，做為修行的地方。

永嘉禪師四十歲時，已經小有名氣，許多禪修者跟隨他修行。有一次，六祖惠能的弟子玄策法師到龍興寺見永嘉禪師，雖然當時永嘉禪師還未被印可為是開悟的禪師，玄策法師卻發現他的智慧應該相當於已開悟的人。

玄策法師問永嘉禪師他是在哪裡，以及如何獲得這樣的智慧。永嘉禪師回答：「當我學習經論時，有許多老師教我不同的東西。後來，當我讀《維摩詰經》通達佛心的本性時，卻沒有老師可以印證我的領悟。」

玄策法師相當驚訝，認為他是辟支佛。玄策法師告訴永嘉禪師，這樣的經驗從威音王佛（一位最初始的佛，也是辟支佛）以後就沒有了。

威音王佛的事蹟在《法華經》中有記載，是在無量劫之前，而且住世不可思議的長久。他代表最早的佛，早於沒有思想、沒有概念、沒有語言的時代。由於他是最早的佛，所以沒有人可以印證他的開悟。在威音王佛之後才有思想和語言，這才能使老師測試和印證弟子的經驗。

玄策法師向永嘉禪師強調，自然達到的證悟是有限的，因此他建議永嘉禪師去尋求其他禪師的指引，加深領悟。永嘉禪師問玄策法師能不能印證他的開悟，但是玄策法師建議永嘉禪師去見自己的老師——惠能大師，於是便帶著他來到了曹谿。他們抵達後，永嘉禪師並沒有按照一般的禮節向惠能大師頂禮，反而一手握著錫杖、一手拿著缽，繞著惠能大師走了三圈。惠能問他：「沙門應該具有威儀。你從哪裡來？為什麼這樣傲慢？」

永嘉禪師說：「生死事大，無常迅速！我沒有時間擔心態度的問題，我唯一關心的是了脫生死。」

惠能大師說：「那為什麼不體驗不生不死？那麼你就會了解沒有迅速這回事。」

永嘉禪師說：「假如知道法身的本體，而且明白法身是不生不死的，那麼就會知道沒有迅速這樣的事。」

惠能大師說：「的確，沒有錯。」

眾人對於雙方的對話感到十分驚訝，沒想到接下來的對話讓他們更為驚訝。永嘉禪師對惠能大師頂禮，說：「是我該離開的時候了。」

惠能大師說：「這樣就離開不會太快嗎？」

永嘉禪師回答：「本來就沒有移動，自然就沒有快或不快的問題。」

惠能大師問：「是誰知道原本就沒有移動？」

永嘉禪師回答：「是你在分別。」

惠能大師說：「你真的了解無生的意義了。」

永嘉禪師回答：「無生還有什麼意義？」

惠能大師更深入地問：「假如沒有意義，那麼是誰在分別？」

永嘉禪師回答：「分別也沒有意義。」

惠能大師稱讚永嘉禪師說：「非常好！請留宿一夜再走吧！」

永嘉禪師就留下來過了一夜，隔天才回龍興寺。許多禪修者跟著永嘉禪師學習，而且他愈來愈出名。由於他的名聲遠播，在西元七一三年圓寂時，皇帝賜他諡號為「無相」。

永嘉禪師對佛法和修行的觀點，除了可以從〈證道歌〉加以了解外，還有《禪宗永嘉集》，這兩本書都收錄在《大正藏》中。《禪宗永嘉集》中收錄了十篇文章，為永嘉禪師的主要教法。

他強調認真修學佛法的人不應該太驕傲，也不應有太多欲望，要清淨身、口、意，如此才能清淨個人的業。為了這麼做，禪修者一定要嚴持戒律。永嘉禪師相信沒有了戒律，禪修者不可能真正學習佛法或修行止觀。有了正確的行為與修行，禪修者就能進入三摩地，最終獲得智慧。如《維摩詰經》中所說，只有在本體和現象不相離的情況下，智慧才會生起。

永嘉禪師也強調發願的重要，沒有真誠的誓願，禪修者會進步緩慢，而且成就有限。諸佛菩薩能獲得階位，是因為他們都立下了如〈四弘誓願〉等偉大的誓願。

讓我們再回來解說〈證道歌〉。〈證道歌〉出現於八世紀初期，但是第一種註解要等到十一世紀的宋朝才出現。它共有四種註解，最後一種註解出現在十四世紀。還有兩種重要的日本註解，分別寫在十八和十九世紀。英文註解是由陸寬昱（Charles Luk）所著。

關於〈證道歌〉的作者和它的年代是有爭議的。比較〈證道歌〉和永嘉禪師其他的作品，學者發現有不一致的地方，因此懷疑〈證道歌〉是他人所寫。例如〈證道歌〉並沒有和永嘉禪師的其他十部作品，一起收錄在《禪宗永嘉集》中。再者，在正史《新唐書．藝文志》中，提到了永嘉禪師和他的作品，卻沒有提到〈證道歌〉。

其實，〈證道歌〉本身就有不一致與矛盾的地方。〈證道歌〉中有一句提到「六代傳衣天下聞」，這是說以傳衣做為上一代傳法給下一代的象徵，但是這樣的儀式恐怕是在永嘉禪師身後才有的事。

其中，又有一句提到在深山獨自修行的重要，然而從永嘉禪師其他的作品中，明顯地並不鼓勵這樣的觀念。他主張在人群中修行，而不是獨自一人在深山中。

當永嘉禪師從曹谿見過六祖回來以後，他接到玄朗法師的邀請。在邀請函中，玄朗法師讚揚在山中禪坐的利益，永嘉禪師回答道：「我們的世界已不注重正道，人們跟著既沒有修行也沒有學問的人學習，我們不能讓那些沒有真正的理解和證悟，而且修行不正確的人去弘揚佛法。在沒有偏離佛法，甚至連一剎那的偏離也沒有的時期，才可以待在深山裡修行。若是認為遠離日常生活就比較不會有干擾、修行會比較容易，這是錯誤的想法。如果你的心不平靜，在深山中也一樣不會平靜，甚至太陽、雲和霧都可以影響你的心情。已經證悟的人是不會被任何干擾所影響的，對他而言，住在深山或城市裡並沒有差別。認為在深山中修行比較容易的人，事實上是把雙手銬上手銬，一邊的手銬是愛，

另一邊則是憎。」❶

然而在〈證道歌〉中，作者建議修行人要獨自在深山中修苦行。

基於以上的理由，學者認為〈證道歌〉不可能是永嘉禪師寫的。總結來說，知道是誰作〈證道歌〉和什麼時候作的並不重要，重要的是，宋朝祖師強調這部作品的重要性，而且我們今天所修習的禪宗，就是從宋朝一直傳承下來的。參話頭和公案的方法，就是來自宋朝，同時，禪法傳播到日本，主要也是在宋朝。

〈證道歌〉是無價的，因為它說明了悟前與悟後在日常生活中修行的正確方法，以及修行時應有的正確態度。宋代大慧宗杲禪師說，佛教禪修者十分看重〈證道歌〉，因此它還被翻譯成梵文。姑且不論這是不是真的，至少說明了〈證道歌〉受到重視的程度。

我個人的猜測是：〈證道歌〉原本應是唐代的永嘉禪師所作，只是後代禪師在抄寫、註解和編輯的過程中，逐漸轉變了它的原貌。不過，〈證道歌〉中所呈現的概念和六祖的教法是一致的。

在〈證道歌〉中，有一個很明確的主題——實相，它是由兩組語詞所呈現的：實性或法性，以及本性或佛性。

實性是空性，它是一切法的本性，也稱為法性。一切法，包括內在的法和外在的法，皆由因緣而生起。就法的本身而言，它並無本質上的真實，是無自性的。本性則是每位眾生內在所具有的，也就是因為眾生具有本性，才能達到佛果，也叫作佛性。

〈證道歌〉的結構比較鬆散，時常從一個主題跳到另一個主題：有時正說明禪修者的正確行為時，另一段卻又討論法性和如來藏，然後接著描述「道」，強調這並不是指真正的道路或方向，而是指修行的方法。

在《六祖壇經》中，六祖惠能提到，如果他的弟子能夠真正地了解三十六對法，他們在弘揚佛法時就不會有困難。在〈證道歌〉中，我們也發現有許多相對的名相，例如：罪與福、貧與富、現證與教理、生與死、色與無色，真與假、空與有、捨棄與執著、沉默與話語、因和果、對與錯、樹幹與枝葉、手指與月亮等，最後還提到了「無眾生」與「無佛」。

在這部作品中，永嘉禪師強調保持不執著、不捨棄的態度，同時強調理解經教固然重要，但也不能只依靠書寫的文字，修行者應該努力修行。

〈永嘉證道歌〉不僅告訴我們要如何修行、如何過生活、如何看待這個世界，同時也告訴我們如何在佛道上自己幫助自己，以及如何在進入禪門後去幫助別人。基於以上這些理由，〈證道歌〉成為禪門中的經典，它和〈信心銘〉、〈寶鏡三昧歌〉和《六祖壇經》同樣重要並影響深遠。

❶ 原文見《禪宗永嘉集．大師答朗禪師書》。

目錄

〈永嘉證道歌〉原文

唐・永嘉玄覺禪師

君不見，
絕學無為閒道人，不除妄想不求真。
無明實性即佛性，幻化空身即法身。
法身覺了無一物，本源自性天真佛。
五陰浮雲空去來，三毒水泡虛出沒。
證實相，無人法，刹那滅卻阿鼻業。
若將妄語誑眾生，自招拔舌塵沙劫。
頓覺了，如來禪，六度萬行體中圓。
夢裡明明有六趣，覺後空空無大千。

無罪福，無損益，寂滅性中莫問覓。
比來塵鏡末曾磨，今日分明須剖析。
誰無念，誰無生，若實無生無不生。
喚取機關木人問，求佛施功早晚成。
放四大，莫把捉，寂滅性中隨飲啄。
諸行無常一切空，即是如來大圓覺。
決定說，表真僧，有人不肯任情徵。
直截根源佛所印，摘葉尋枝我不能。
摩尼珠，人不識，如來藏裡親收得。
六般神用空不空，一顆圓光色非色。
淨五眼，得五力，唯證乃知難可測。
鏡裡看形見不難，水中捉月爭拈得。
常獨行，常獨步，達者同遊涅槃路。
調古神清風自高，貌顇骨剛人不顧。
窮釋子，口稱貧，實是身貧道不貧。

貧則身常披縷褐，道則心藏無價珍。
無價珍，用無盡，利物應機終不悋。
三身四智體中圓，八解六通心地印。
上士一決一切了，中下多聞多不信。
但自懷中解垢衣，誰能向外誇精進。
從他謗，任他非，把火燒天徒自疲。
我聞恰似飲甘露，銷融頓入不思議。
觀惡言，是功德，此則成吾善知識。
不因訕謗起冤親，何表無生慈忍力。
宗亦通，說亦通，定慧圓明不滯空。
非但我今獨達了，恆沙諸佛體皆同。
師子吼，無畏說，百獸聞之皆腦裂。
香象奔波失卻威，天龍寂聽生欣悅。
遊江海，涉山川，尋師訪道為參禪。
自從認得曹谿路，了知生死不相關。

行亦禪，坐亦禪，語默動靜體安然。
縱遇鋒刀常坦坦，假饒毒藥也閒閒。
我師得見然燈佛，多劫曾為忍辱仙。
幾迴生，幾迴死，生死悠悠無定止。
自從頓悟了無生，於諸榮辱何憂喜。
入深山，住蘭若，岑崟幽邃長松下。
優游靜坐野僧家，闃寂安居實瀟灑。
覺即了，不施功，一切有為法不同。
住相布施生天福，猶如仰箭射虛空。
勢力盡，箭還墜，招得來生不如意。
爭似無為實相門，一超直入如來地。
但得本，莫愁末，如淨琉璃含寶月。
既能解此如意珠，自利利他終不竭。
江月照，松風吹，永夜清宵何所為。
佛性戒珠心地印，霧露雲霞體上衣。

降龍鉢，解虎錫，兩鈷金環鳴歷歷。
不是標形虛事持，如來寶杖親蹤跡。
不求真，不斷妄，了知二法空無相。
無相無空無不空，即是如來真實相。
心鏡明，鑒無礙，廓然瑩徹周沙界。
萬象森羅影現中，一顆圓光非內外。
豁達空，撥因果，莽莽蕩蕩招殃禍。
棄有著空病亦然，還如避溺而投火。
捨妄心，取真理，取捨之心成巧偽。
學人不了用修行，深成認賊將為子。
損法財，滅功德，莫不由斯心意識。
是以禪門了卻心，頓入無生知見力。
大丈夫，秉慧劍，般若鋒兮金剛焰。
非但空摧外道心，早曾落卻天魔膽。
震法雷，擊法鼓，布慈雲兮灑甘露。

龍象蹴踏潤無邊，三乘五性皆醒悟。
雪山肥膩更無雜，純出醍醐我常納。
一性圓通一切性，一法遍含一切法。
一月普現一切水，一切水月一月攝。
諸佛法身入我性，我性同共如來合。
一地具足一切地，非色非心非行業。
彈指圓成八萬門，剎那滅卻三祇劫。
一切數句非數句，與吾靈覺何交涉。
不可毀，不可讚，體若虛空勿涯岸。
不離當處常湛然，覓即知君不可見。
取不得，捨不得，不可得中只麼得。
默時說，說時默，大施門開無壅塞。
有人問我解何宗，報道摩訶般若力。
或是或非人不識，逆行順行天莫測。
吾早曾經多劫修，不是等閒相誑惑。

建法幢，立宗旨，明明佛勅曹谿是。
第一迦葉首傳燈，二十八代西天記。
法東流，入此土，菩提達摩為初祖。
六代傳衣天下聞，後人得道何窮數。
真不立，妄本空，有無俱遣不空空。
二十空門元不著，一性如來體自同。
心是根，法是塵，兩種猶如鏡上痕。
痕垢盡除光始現，心法雙忘性即真。
嗟末法，惡時世，眾生福薄難調制。
去聖遠兮邪見深，魔強法弱多恐害。
聞說如來頓教門，恨不滅除令瓦碎。
作在心，殃在身，不須冤訴更尤人。
欲得不招無間業，莫謗如來正法輪。
栴檀林，無雜樹，鬱密森沉師子住。
境靜林間獨自遊，走獸飛禽皆遠去。

師子兒，眾隨後，三歲便能大哮吼。
若是野干逐法王，百年妖怪虛開口。
圓頓教，沒人情，有疑不決直須爭。
不是山僧逞人我，修行恐落斷常坑。
非不非，是不是，差之毫釐失千里。
是則龍女頓成佛，非則善星生陷墜。
吾早年來積學問，亦曾討疏尋經論。
分別名相不知休，入海算沙徒自困。
卻被如來苦訶責，數他珍寶有何益？
從來蹭蹬覺虛行，多年枉作風塵客。
種性邪，錯知解，不達如來圓頓制。
二乘精進勿道心，外道聰明無智慧。
亦愚癡，亦小騃，空拳指上生實解。
執指為月枉施功，根境法中虛捏怪。
不見一法即如來，方得名為觀自在。

了即業障本來空，未了應須還夙債。
饑逢王饍不能飡，病遇醫王爭得瘥。
在欲行禪知見力，火中生蓮終不壞。
勇施犯重悟無生，早時成佛于今在。
師子吼，無畏說，深嗟懵懂頑皮靼。
秖知犯重障菩提，不見如來開祕訣。
有二比丘犯婬殺，波離螢光增罪結。
維摩大士頓除疑，猶如赫日銷霜雪。
不思議，解脫力，妙用恆沙也無極。
四事供養敢辭勞，萬兩黃金亦銷得。
粉骨碎身未足酬，一句了然超百億。
法中王，最高勝，恆沙如來同共證。
我今解此如意珠，信受之者皆相應。
了了見，無一物，亦無人，亦無佛。
大千沙界海中漚，一切聖賢如電拂。

假使鐵輪頂上旋，定慧圓明終不失。
日可冷，月可熱，眾魔不能壞真說。
象駕崢嶸謾進途。誰見螳螂能拒轍。
大象不遊於兔徑，大悟不拘於小節。
莫將管見謗蒼蒼，未了吾今為君決。

第一次禪七

第一天：不二

君不見，
絕學無為閒道人，不除妄想不求真。
無明實性即佛性，幻化空身即法身。

這位已經得道的閒道人並不是個懶散的人，而是個無事可做的人，他已不需要再去研究、學習或做任何事。但是在這次禪七中，你們專注、努力學習佛法，在方法上用功，和那位閒道人是不一樣的。現在努力和用功的目的是為了要開悟。對初學者來說，為了某種動機而學習佛法並不是一件壞事，否則就不會因學習佛法而有開悟的體驗；若是缺乏動機、目的，就不會想修行，自然也不會達到開悟的境界。

一般人總需要有個目標來修行，但永嘉禪師所提到的這種閒道人已經無須修行，因為他已經完全開悟了。所以第一句話是告訴我們，這是一位證悟甚深的人。這樣的人是怎麼修行的呢？如何達到證悟的境界呢？要以何種態度來修行才能開悟呢？首先，他不會去斷除妄想，也不會去對抗煩惱。其次，他不會去渴望開悟，也不會去尋求佛性。

在禪修時，我希望各位不要試著斷除、對抗或追求任何事。要同意我所說的並不難，但要完全接受且付諸實踐就不是件簡單的事了。有人可能會認為，不去追求或壓抑任何事是不可能的，然而這就是你們所要努力的方向。我會不斷地重複這一點，因為若不這樣，你們會因為想要停止妄想、追求開悟，而產生更多的障礙。

曾經有一位禪修者問他的老師：「我要如何才能得解脫？」

師反問：「誰綁住你了？」

弟子又問：「我要如何才能開悟和超越生死？」

師又反問：「生死在何處？」

弟子又再問：「我要如何才能往生淨土？」

師回答：「你告訴我哪一處不是淨土？」

佛性與無明、解脫與生死、涅槃與輪迴，這些都是不相離的，並非二分法。在言語上，我們會說遠離無明而證得開悟，但是當一個人真正開悟的時候，他會了解無明和佛性是一體並且是相同的。如果無明與佛性是真實地存在於不同領域，那麼一個無明的人就不可能發掘出他的佛性，他會永遠保持無明，也永遠無法開悟。但事實並非如此，無明並不離於佛性。

在從無明轉化到佛性的過程中，你將會了解到，無明實際上並不存在。如果它實際存在，我們就會永遠為無明所困。禪修者若能明瞭這一點，在修行上就不會拚命想要祛除無明，或追求佛性。

在禪坐時，身體會疲累，心會充滿了焦慮和苦惱，這時就很容易會有和自己對抗的情形出現。假如去壓抑這種疲倦和苦惱，那麼結果是產生更多的疲倦和苦惱，然後就會灰心。這時最好是對自己說：「這是無明，而無明本身就是佛性。我不要抗拒，也不要生氣。」若你體驗的是佛性，那還有什麼好厭煩和抗拒的呢？

當你在禪坐的時候，會感受到疼痛、疲勞與妄念。當你在受苦的時候，的確是很難相信我所說的，也很難去放鬆、允許這些狀況自然地存在。甚至會想：這些障礙的生起就是因為你正在修道，這些疼痛似乎是會思考的，只要一打坐，它們就出現。

身體天生就容易有疼痛、不適、疾病和死亡。禪坐時，身體會痛、會累，但這身體在本質上和法身相同，法身是完全地清淨、自在和明覺的。或許有人會問：「這清淨、自在的法身在何處？」

就像上述的故事一樣，我會反問：「有什麼不是清淨、自在的法身？」

在唐朝，有一位禪師非常地優秀，皇帝知道後便召他進宮，為一位生重病的妃子看病。但是這位禪師拒絕前往，並對使者說：「我不是醫生，只是個修行人。我的目的是修行。」

當皇帝聽到禪師拒絕的消息，便派了一位將軍，命令他：「把禪師找來。若是他不肯來，就砍了他的頭。」

禪師早知將軍的意圖，便離開寺廟，在路上等候他。不久將軍到了，當他看見禪師在路旁等候時，便問他：「你為什麼在這裡等？」

禪師回答：「我不願我的血玷汙了寺廟的地板，所以我在這裡將我的頭獻給你。」

大部分的人都怕死，但是這位禪師一點也不怕死。他知道他的色身和法身沒有任何差別，而法身是不會被毀壞的。假如有人能真正了悟色身和法身是同等的，就不會懼怕死亡。同樣地，病痛和衰老也就不會讓他煩惱。

在修行的過程中，會感受到各種疼痛。即使你還沒有證悟色身等同於法身，至少應該有信心相信它就是如此。假如有信心，那麼修行過程中所生起的種種感覺，不論是疼痛、快樂、甚至是喜悅，都不會對你產生影響或困擾。法身是清淨、不變的，不會有情緒的感受。你應該視修行過程中所有的感覺為幻覺，讓它們來，也讓它們去，不要執著它們。

一旦你真正證悟到法身，就會了解，並沒有你所能執著的事物，而且會說：「這就是法身。」在修行過程中，不論是身、心的反應，或所謂心靈體驗，都不是法身，這些只是神經系統對身體和環境的反應而已。法身並不具有任何特質或是特徵。

我並不是說沒有心靈這一層面，但是心靈並不離於身體。在佛教中，心靈和身體是分不開的。在你的修行中，也不要去分別身體經驗和心靈體驗，這是同一件事。假如沒有身體，又從何生起心靈體驗呢？

雖然，法身和色身相同，但是你不能指著某件事物說：「這就是法身。」真正的法身是如如不動的，你必須直接體驗它。

第二天：活在當下

法身覺了無一物，本源自性天真佛。
五陰浮雲空去來，三毒水泡虛出沒。

我們一般會認為身體是「自我」，加上由感官所經驗到的種種現象，也就是五蘊：色、受、想、行、識。永嘉禪師認為這五蘊就像天空中來來去去的浮雲。天空原本是純淨的，而浮雲出現，在天空中飄浮，然後消失。浮雲並不是天空，兩者之間沒有具體的關聯，但天空不離於浮雲。

五蘊就像是這些雲。我們都認為有一個獨特的自我、心靈和身體。但是我們的身體，以及那些我們所認為的個人特質，在出生以前並不存在。當我們死後，身體和自我也就不存在了。就像浮雲還未出現和浮雲已經消失的天空一樣，在我們出生前和死後，這個世界並不包含我們。沒有永恆存在的「我」。

但這不表示沒有任何事是永恆存在的，如果沒有什麼是永恆存在的，那修行就沒有意義了。永恆存在的是我們本來的、完全清淨的佛性，就像天空一樣，佛性是本來就有，而且一直都存在的。儘管我們的肉體和心靈像浮雲般來來去去，佛性，或者說本性，都是永恆存在的，就像不管有沒有浮雲出現，天空永遠都在那裡一樣。

佛性並不是由修行產生出來的，它永遠都在。假如佛性是被某種因素所創造，那麼它也會被毀滅。既然我們已經有佛性，又何需修行呢？修行並不會創造出佛陀。修行是幫助我們了解，或是顯露出本來就有的佛性。佛性在哪裡？哪裡不是？

你不可能將這由五蘊所聚集而成的身體變成佛陀，然而佛陀卻也不離於五蘊。五蘊只是我們用來界定微小、個別的自我，透過五蘊，我們把自我識別出來，但這是狹隘、貧乏的識別。假如認為：「這個身體是我的，是不同於其他的一切。」然後說：「我是佛陀。」那麼你就創造了一個狹隘而貧乏的佛陀。

我們會認為身體就是自我，是因為我們為三毒——貪、瞋、癡所蒙蔽。這三毒就像會讓人上癮的毒品一樣，如果為它們所驅使，就會體驗到短暫、虛幻的滿足和興奮。我們都知道一句話：「情人眼裡出西施。」因為我們愛對方，所以覺得對方美麗。事實上，美麗不過是貪求、執著心的一種表達而已。因為執著於某人，就會感覺對方是美好的。特別是當你戀愛時，就會被欲念所蒙蔽，情緒和感覺會完全地投射在你的對象身上。日後，如果你們因為某種理由而分手，你可能會對他說：「我實在不了解真正的你。我很迷惑！」

我聽過有許多夫妻在結婚時並不十分了解對方。當他們逐漸了解、看清對方後，往往就會離婚。他們覺得原本的愛戀被殘酷的現實所取代了，但這不是事實。就像當初談戀愛一樣，分手時也是受情緒所蒙蔽。當人們一旦無法獲得滿足，原本令人愉悅的事就會變得索然無味；原本看來美好的，也變得醜陋。這些人是被三毒所控制了。

類似的情況也會發生在禪坐中，假如你坐得很好，覺得很舒服，你或許會想：「禪坐真是不錯！感覺非常好！」在臺灣，有一個人第一次參加禪修，結果坐得很好，整個人沉醉在美好的情緒當中。他認為這是世界上最奇妙的事，他終於第一次感覺到身而為人的好處。但是在第二次禪修時，情況就完全不同了。當時他正遭遇到家庭問題，而由於無法放下他的問題，禪修的狀況變得非常差。

你或許會認為他的第二次禪修狀況不好，而第一次是好的，但事實上，任何過度的情緒都會引發問題。好的經驗會產生執著和貪求，不好的經驗則會產生厭惡、生氣和瞋恨。在同一次禪修中，你有可能會經驗到這兩種極端的情緒，這都只是自我透過三毒所經驗到的感覺。自我是離不開貪、瞋、癡的。

假如修行得力，貪、瞋、癡會一點一點地減少。馴服這三毒後，你就會覺得不需要去執著一個自我。你會開始去觀察這狹隘的自我，就像是大海中的泡沫，在短時間成形，浮在水面上，破滅後又回歸到大海之中。在這短暫的泡沫後，有什麼是永恆的呢？就是你的本性。本性是什麼？它又在哪裡呢？這要靠你自己去發掘了。

證實相，無人法，剎那滅卻阿鼻業。
若將妄語誑眾生，自招拔舌塵沙劫。

在這段偈頌中，永嘉禪師認為即使是最重的業——阿鼻地獄的無間業，在剎那的證悟中就能消除。他對於這項真理的信心是不可動搖的，這即是禪宗的頓悟教法。曾有人問我，修行到開悟要花多久時間？我回答：「可以像一劫那麼久，也可以像一念這麼短。」你喜歡哪一條路？慢的還是快的？大概大部分的人都比較喜歡快的路。

我提供你們一個快的方法，把所有的念頭——不論是好的、不好的、無記的，全部都放下。假如能做到，你很快就會開悟。假如你能達到無我、無人、無分別、無眾生、無佛的心境，那就會了解到事物的真相。拿起修行之劍，砍斷分別的心。當證悟砍穿分別心時，什麼都不會留下，因為原本就沒有一個能分別的真實自我。

你必須要有信心這樣的情況會發生。在某次禪修的最後一天，我鼓勵兩位學員利用最後剩餘的時間盡最大的努力。他們抗議說無論做什麼都來不及了。

我說：「你可以在剎那間開悟。假如你每一刻都努力修行，那麼絕對有時間讓你體驗開悟。一天的時間綽綽有餘了，但問題是，你是否能夠實現？」

在修行的時候不要去管時間，不要想：「我沒有足夠的時間去體驗。」也不要想：「我還年輕，有充分的時間讓我修行。」在禪修中，最好的態度就是善用每一分鐘，從一開始到結束，抓住每一刻好好修行。不去想過去或未來，就停留在現在這一刻。

你必須先從過去和未來中解脫。假如能把心維持在現在這一刻，就真的能在修行中得力了。而這種修行力也能讓你從現在這一刻解脫。當你能從時間解脫，也就能從空間解脫。時間和空間就像五蘊一樣，都是虛幻的。當你從時間、空間和五蘊中解脫，那就沒有自我了。

第三天：從存有的夢中覺醒

頓覺了，如來禪，六度萬行體中圓。
夢裡明明有六趣，覺後空空無大千。

我們不了解自己或自身所處的這個世界，不知道自己從哪裡來，也不知道以後要到哪裡去。我們生活在夢境中，我們的夢可能是美夢，也可能是惡夢，不過畢竟還是夢。你們會來這裡禪修，是因為你們已經了解自己是在做夢，生命是虛幻而短暫的。修行的目的是從存有的夢中覺醒，並且去發覺你的本性——也就是佛性，是在短暫存有下的根本真理。

今天有人說，她有時會感覺到自己是在突破的臨界點，但無論她如何嘗試，總是無法成功。其實，執著於某個臨界點，本身就是種障礙。為了能體驗開悟，我們一定要忘記有開悟這件事，把開悟當成目標，是不可能從存有的夢中覺醒的。剛開始修行時有這樣的想法很好，因為能加強修行的動機。然而，如果一直執著於「開悟」的想法，它就會變成修行上的障礙。

有時候我們睡覺時知道自己正在做夢，特別是在做惡夢的時候，那時會希望能快點醒過來。有時候我們做了個美夢，醒來後卻是心不甘情不願的，人生也是一樣。許多人親近佛法，是因為他們的人生充滿了苦難；對於生活無憂無慮的人來說，自然就不會覺得有禪修的需要。但是沒有人能免於貪、瞋、癡三毒所引起的苦難，它們使我們的人生充滿苦惱與迷惑，而讓許多人想要從這苦難的夢中覺醒。我們修行就是為了這個原因。上述這位學員所說的突破，就是指從她的人生大夢中清醒。

見到本性就是從煩惱的夢中覺醒。做夢時，你是透過六根來感受這個世界和所有的現象。但是當你真正覺醒時，會覺得整個宇宙好像都不見了。要知道，證悟時消失的不是這個宇宙，而是自我。當你切斷對三毒的執著，你的煩惱也就消失了。

當我們在做無意義的行為，或是不善的行為時，我們是在做夢；當我們精進修行以求證悟時，我們也是在做夢。在了悟之前，任何我們所做的、所說的、所想的，不論是善、不善、無記，都是在做夢，修行只是為了加速證悟。

永嘉禪師所提到的「六波羅蜜」，是我們尋求證悟的修行方法。六波羅蜜是：布施、持戒、忍辱、精進、禪定、智慧，這其中包含了許多修行方法。我們需要修行的方法以達到證悟，但是在了悟之後，就會了解到成佛並不是靠修行，因為我們本來就是覺者。

在覺悟的當下，你會從夢中覺醒，而且修行會消失了。雖然修行是虛幻的，我們還是需要它來達到開悟。有一次，百丈禪師到已開悟的弟子黃檗禪師旁邊，那時黃檗禪師正在禪堂的角落打瞌睡，百丈禪師把他叫醒，但是當黃檗禪師一看是百丈禪師，轉個身又睡了。百丈禪師走到另一位正在打坐，坐得很深沉的弟子旁，用禪杖敲他的蒲團，然後指著黃檗禪師對他說：「你這沒用的東西！看看黃檗是怎樣地在用功？而你卻在這裡打瞌睡！」

我想你們一定很想試試黃檗禪師的方法，但是要知道，黃檗禪師是個開悟的禪師。重點是：在見性之前，修行和開悟有著因果關係。修行會導向證悟，然而在覺悟的狀態中是沒有修行的。在故事中，雖然在表現上不一樣，但真正在睡覺的，是那個正在打坐的弟子。

無罪福，無損益，寂滅性中莫問覓。
比來塵鏡未曾磨，今日分明須剖析。

一般我們會認為，若是做好事就會有功德，而且會有福報；若是做壞事，就會有相反的結果。善行會有善業，惡行會有惡業。今天，有位學員在禪修中打自己的耳光。我問他為什麼這麼做，他說他也不知道。我問他，打了之後有沒有覺得比較舒服？他說有，但是臉頰很痛。這是一個因果關係的例子。或許這位學員這麼做，是因為他微細的潛意識或是生理上的某種反應。

在禪修過程中，有人會毫無理由地大笑、大哭，甚至會做些奇怪的事。如果有外來的人看到這些現象，或許會覺得奇怪，甚至會認為這些打禪七的人是否精神錯亂。然而，通常這些人在事後都會感覺好多了。

像這樣的現象，是因為修行的關係，而且後來他們幾乎都會得到益處。這對禪修者有放鬆的效果，能驅散他們過多的精力，讓他們能深入到方法之中。然而事實上，修行的目的並不是為了要達到什麼，也沒有什麼可以期待的——沒有善業的回報，也沒有惡業的懲罰。同樣地，沒有得或失的念頭、沒有利或弊的念頭，也沒有無明或證悟的念頭。

涅槃是不動的，而且與你不相離，因此，你又怎能獲得或失去呢？在證悟之後，沒有什麼東西得到或失去。然而在證悟之前，眾生覺得一定要斷除煩惱，獲得解脫。當你開始學習佛法和修行，你就會開始警覺到煩惱，而且會給它一個名字。另一方面，不知道佛性和佛法的人，可能一生都活在煩惱當中，卻沒有警覺到煩惱。

你認為愚癡是天賜的福氣嗎？你認為聰明的人最多煩惱嗎？或許在整個動物界，人類對苦的了解是最多的。如果我們認為煩惱是基於苦的折磨，那麼似乎較低等的生命會比人類的折磨少。但是煩惱和折磨並不是基於苦，而是基於愚癡。在人類之中，智慧愈高（毋需聰明），煩惱就愈少。

當你修行愈久，就會對煩惱愈有警覺。有時會覺得似乎愈修煩惱愈多，你可能會認為在禪期中的體驗不夠，或是覺得沒什麼進步，這都是因為你對自己有了更深的覺察。

假如你處在一個較暗的房間裡，有些許陽光從窗戶照射進來，就會看到空氣中飄浮著微塵。然而若是在全暗的房間裡，看不見微塵，你或許會認為空氣是乾淨的。在修行前，我們就像是身處在一間全暗的房間，一旦開始修行，藉由自覺之光，我們就能看清煩惱。

在開悟之前，我們的心是覆蓋著煩惱灰塵的鏡子。沒有修行的人或許不會警覺到，而他們往往會被困於絕望和失望之中，把自己的不幸都怪罪在其他事情上。但是有修行的人就會注意到自己的煩惱和迷惑，會比較清楚當下所發生的情況，並且去改正它。因此，你不應該為了你的髒鏡子而難過，因為如果沒有鏡子，你就不會注意到灰塵。

修行就像把鏡子擦乾淨。在證悟之前，我們會分別如鏡之心和如塵的煩惱。在覺悟之後，當這面心鏡已了無塵埃，我們就會了解到既無心也無塵。鏡子不過是虛幻自我的顯現，而灰塵則是虛幻自我所執著的煩惱。真正的鏡子所反映出的既不是我，也不是煩惱，實際上，真正的鏡子是無鏡。

當我們修行時，鏡子和塵埃同時存在。我們因煩惱而感覺有一個自我，佛性的存在是因為有煩惱的存在。就是因為我們有煩惱，所以才有了佛性的想法。修行中，不要受煩惱或迷惑的心所困擾，因為它們跟佛性是相同的。

這就是〈永嘉證道歌〉的真諦。許久以前，永嘉禪師就告訴我們：醒覺而了悟，但不要去追求，只要把你的心安住在方法上，精進用功！

第四天：放捨

誰無念，誰無生，若實無生無不生。
喚取機關木人問，求佛施功早晚成。

佛果不能透過修行來達到，也不是能夠創造出來的東西，我們原本就是佛了，所以經由修行而獲得佛果的想法是沒有意義的。

我的一位弟子告訴我，當她在醫院準備生產時，她注意到其他的媽媽都覺得她們正在創造新生命。然而她覺得她的小孩是自己來到世界上的，她只不過是幫助這個小孩而已，一點也不覺得是自己創造了這個小孩。同樣的道理，無論你修行多久或有多精進，你都不可能新生一個佛，或是把一位新佛帶到這個世界。佛並不是經由修行而產生的。

成佛指的是覺悟到智慧和煩惱不生的真理。人們認為當某人獲得證悟時，煩惱就會斷除，並獲得智慧。事實上，在徹悟之後，並沒有智慧或煩惱存在。沒有煩惱就沒有智慧，只有當一個人有煩惱時，智慧才會存在。

「無生」並不是指眾生、世界和諸佛都不存在。所有的東西都存在，而且是運作著的，但是並沒有真實的自我存在其中。若是沒有自我，又何來一個「我」能成佛呢？若是智慧和佛果真實存在，而且能夠獲得，那難道就沒有一個自我存在其中嗎？事實上，自我是虛幻的。只要執著於有「我」的想法，智慧和佛性也就因而存在。一旦自我消失了，就不會有智慧和任何的證悟。然而，對於還沒有證悟的眾生來說，智慧是存在的，而且諸佛確實在救度眾生。

你正在修行而想獲得證悟或達成佛果嗎？你在想什麼時候才能開悟嗎？假如想知道答案，可以去問問木頭人。為什麼要問木頭人，而不問師父、菩薩或是佛？理由很簡單，因為不論你問誰，都不會有答案。經典上說，證得佛果需要三大阿僧祇劫。一劫的時間長得不可思議，若是有人接受經中的答案，願意等待三大阿僧祇劫以成就佛果，就會像跟木頭人問問題一樣愚蠢。

對尚未證悟的人來說，佛果和智慧都是存在的，而且煩惱是需要斷除的。當你修行時，應該放下所有關於煩惱、智慧、開悟和佛果的觀念，不要擔心進步或退步，單純地只為修行而修行。以這樣的態度來修行，就是進步。所以，下次你如果想問自己什麼時候會開悟，不用來問我，去找塊木頭問吧！

放四大，莫把捉，寂滅性中隨飲啄。

諸行無常一切空，即是如來大圓覺。

在修行中，你一定要放下四大：地、水、火、風。人們不了解自己所有的想法，都跟外在環境的物質現象有關。其實，所有的想法、夢、概念、影像和語言等，都直接或間接和環境有關。即使是坐在空房間裡，眼睛閤上、耳朵塞著、鼻子堵住、嘴巴閉著，你的心仍充滿著關於外在世界的念頭和影像。假如你能放下對具體事物的聯想，心中的念頭就會減少許多。

有些學員在試著放下的時候，會充滿懼怕與不安，因為他們依賴所累積的許多概念和想法。執著於概念和想法是相當大的障礙，丟開或放下所有的事，是克服這種障礙很有用的修行方法。在禪修中，應該試著放下所有的事，以減少心中的障礙。

回到日常生活之後，如果你希望的話，可以再回復先前的想法和概念。除非是完全證悟的人，否則在生活中一定少不了它們。你的所有記憶、經驗、概念和想法，會結合成為你的業，而業會形成一種力量，無論你到何處，都會跟隨著你。只要尚未證悟，自我就還是存在。然而你應該了解，這個自我是虛幻而且無常的。最好的作法是專注在方法上，持續修行。

菩薩和諸佛可能以人的生命形態出現，但是他們並沒有自我。這樣的「我」，是從沒有貪、瞋、癡的執著中產生出來的，而已證悟者不會被三毒所害。然而空性並不是不存在，空性意指諸法沒有持久性。存在是客觀的，但沒有事物是不變與永恆的。存在的諸法會不斷地變化，而這不斷變化的本性，就是佛性。

證悟是直接了悟自我，以及這個世界的空性和無常。假如你能活在空性中而不執著於空的話，這就叫作「不住有也不住空」。雖然所有的現象都存在，但是其中沒有一個自我在執著任何事。不住於有，也不住於空，這就是證悟。當這個階段的修行得以完成後，就是徹悟或成佛。

在覺悟之道上修行，要從放捨過去和未來開始，你活在當下，在自己的方法上用功。最後，即使是方法也好，當下也好，也都要放下，因為這也是執著。

臨濟禪師告訴他的弟子說，在修行的道路上，要遇佛殺佛，遇菩薩殺菩薩，甚至連父母也一樣。當然他不是指真正的殺，他的意思是在修行中要放捨自己所有的幻想和執著。這並不表示在你修行時，必須搜尋並毀壞所有心中的每一項執著，它只是單純地指你要有除了修行本身之外，放下所有事物的態度。這就是禪修者投入修行時的正確態度。

第五天：無法言說的證悟

決定說，表真僧，有人不肯任情徵。

直截根源佛所印，摘葉尋枝我不能。

永嘉禪師所說的「根」，指的是圓滿的佛性，「枝」和「葉」代表的是個體的現象。宇宙中每一件事物都是相互協調的，與其他的事物和諧一致，所有的現象之間沒有衝突或矛盾。然而，不論是日常生活中的體驗或開悟，都無法用符號或語言完整地解釋出來，更不用說是佛果了。只是因為人們擁有共同的人性，所以能夠彼此了解。

假如你體驗到真正的開悟，那是無法言說的，也是沒有分別的。若要說明任何事，就必須拿這個和那個來比較，你必須用其他的事來解釋這件事。你要用你的觀點，或是別人的觀點來說明。但是當沒有任何差別存在，一切都是和諧而且無分別的時候，就無法可說了。

在明朝後期，有位名叫憨山的偉大禪師，曾經提到他做了一個夢。在夢中，他前往一個公共澡池，有個美麗的女子邀他一起進澡池，他想起：「我是個和尚，不能跟女性共浴。」但是這名女子相當堅持，而且跟在他的後面。這時憨山大師才注意到，這個人不是女性，只是長得很好看，以致於看起來像女性而已。然後這個人就把水澆灌在憨山的頭上，接著一陣清涼的感覺貫滿他的全身。在他醒來許久之後，都還保有這種清涼的感覺。

若要解釋他的夢，憨山了解在人類的世界中，有男、女的差別，但在淨土中並沒有分別。憨山的夢境中，稱那個人是男性或女性就是分別，是我們把事物分類的心理活動。同樣地，在真正開悟的境界中，是沒有分別的。

遺憾的是，大部分的人無法停留在無分別的層次，所以即使不能很精確地解釋，還是需要去說。若是想要真正領悟佛法，不需使用語言，也不需教導。那為什麼我要說那麼多呢？因為一般人不了解無分別。我必須試著解釋佛法，無論這樣的嘗試有沒有用，我還是要說明眾生的我執。佛陀並不需要去說什麼，但是為了眾生的緣故，他還是說了四十九年的法。

你不可能透過文字、邏輯或智力去發現佛性，而必須要直接領悟它，你將會親自見到佛陀所見到的。假如你看到自己的本性，你將無法描述或分析它。

小參的時候，有些人會描述自己的體驗給我聽。假如你把自己的體驗告訴外面的人，特別是沒有禪坐經驗的人，就會發現他們往往不相信或者不了解你的體驗。他們沒有辦法感覺或看見你所感覺到或看見的事。無論深或淺，你的體驗就只是你的個人體驗，而最深、完全的證悟是無法用言語解釋的。

我鼓勵你們直接去發掘自己真正的本性，我無法描述這樣的體驗。然而，我知道你們還是會好奇，想聽聽開悟體驗的故事。你們心裡會問：「它像什麼？感覺如何？」

在臺灣，有位老和尚試著描述《華嚴經》中「以花為莊嚴世界」的概念時，他張開嘴巴，沒有說話，只有發出像「哦！」和「啊！」的聲音，聽經的人都不懂他要試著說些什麼。經典中是說，在這世上的每一朵花裡有一千朵蓮花，而每一朵蓮花都有一尊佛坐在上面，向十方說法。說實話，這樣的描述並不能帶給我們太多的理解，反倒是那位老和尚的解釋還不錯。

摩尼珠，人不識，如來藏裡親收得。
六般神用空不空，一顆圓光色非色。

摩尼珠是神奇的寶珠，蘊含著無限的力量，也因為如此，它又被稱為如意寶珠。這樣的寶珠，可以給人們想要的任何東西，而摩尼寶珠的主人因此成為最偉大的布施者。由於人們通常背負著太多的業和煩惱，所以無法得到這樣的寶珠。因此，寶珠往往指的是天界的神奇寶珠。然而在這段偈頌中，它指的是我們每個人內在的佛性，只是大部分的人一直都把它隱藏住了。

《法華經》中有個故事，是關於一個從小與富有家庭離散的孩子。在他還很小的時候，就跟家庭離散了。多年來，這個孩子因為貧窮而乞食為生，他完全不知道有一顆無價的寶珠，就藏在他袍子中的隱密口袋內。直到有一天，有人跟他說：「有一顆無價的寶珠在你身上，只要你找到了，就能變得很富有。」

這則寓言的意義很清楚：我們一直擁有這顆佛性的寶珠，只是不知道它在哪裡。現在聽聞佛法，也知道了佛性的存在，你所要做的，就是把它找出來。當你找到時，就會從無明和煩惱中解脫，這就是「找尋本來面目」。假如你成功地讓本來面目完全顯露出來，心中不再有任何分別，就會獲得佛果。

摩尼寶珠象徵能滿足你所有的願望，它能帶來超凡的力量，讓你看到所有的東西、聽見所有的事，也可以到任何地方，還可以知道過去和未來。大部分的人都希望能擁有這樣的力量，至少也都聽過許多關於神通的事，但是卻不知道做為一位未來佛而言，我們早就擁有這些神通，只是沒有彰顯出來而已。

昨天有人告訴我，有時他希望我能幫他加持，這樣他就能解決自己的問題。通常人們覺得缺乏能力或力量時，就會尋求他人的幫助，但是其他人不能解決你的根本問題，假如這是可能的，就違反了業的因果定律。依靠別人幫助所得到的效用非常小，你要靠自己。等到有一天你開悟了，就會領悟到沒有人我的分別，也沒有事物之間的分別，每件事都處於和諧的狀態中。

偉大的修行者如密勒日巴大師、寒山大師等往往都很貧窮，連買衣服的錢都沒有。然而事實上，他們是最富有的人，因為宇宙中所有的東西都是屬於他們的。相較之下，最有錢的國王就像乞丐。像密勒日巴大師和寒山大師這樣的人，到處都可以是他們的家，每個人都是他們的弟子，任何東西都可以是他們的衣服。寒山大師說：「山是我的枕頭，雲是我的毯子，大地是我的床鋪，海洋是我的浴池。」

證悟的人擁有神通力，但不是迷惑一般人的小能力。這些小能力只是些小伎倆，適合於一般小鬼。唐朝時，一位號稱有神通的瑜伽師來到中國，當時慧忠禪師是皇帝的國師，有人向他說：「一位具有大神通的瑜伽師要來跟您較量。」

慧忠國師回答道：「我並沒有任何力量，不過倒是不怕較量。」

於是，許多人前來看熱鬧。瑜伽師要求慧忠國師考考他，慧忠國師就問：「現在我的心在哪裡？」

瑜伽師回答道：「和尚是一國之師，為什麼到西川去看賽船呢？」

慧忠國師說：「非常好！現在我又在哪裡？」

瑜伽師說：「奇怪了！你現在又到天津橋上看猴子耍把戲去了！」

以上的對話，證明了這位瑜伽師的確有讀人心智的能力，因為他能知道慧忠國師正在想什麼。

慧忠國師第三次問他：「那麼現在我又在哪裡？」瑜伽師專注了很久，但就是找不到慧忠國師的心。

這時，慧忠國師斥責他：「你這野狐般的小神通，只看得見心在動，但是當心不動時就找不到了。至於剛剛我在哪裡？其實很簡單，既然我的身體在這裡，我的心當然也在這裡。」

從禪的角度而言，一般的神通就像是小伎倆，禪所說的是大神通。當鳥飛過空中、人走在地上時，他們經過所留下的軌跡，會持續千萬年之久。當我們經歷過我們的生生世世時，也會在自己的身後留下影子。擁有大神通的人能夠回溯身後的影子，就像在看一部倒帶播放的影片一般，透過無量無邊的前世來追溯他們自己。這是大神通作用的一個例子。

這段偈頌最後一句「一顆圓光」，指的就是佛性，它和法身是相同的。法身不離色身，然而不能說法身就等於色身。當你體驗到開悟，你就與法身合一，儘管你仍然是在你的色身之中。當你體驗到法身，就超越了色身所限制的邊界。當開悟體驗持續的時候——有時它可能快如閃電，你將看到沒有內外的分別，沒有對自我的執著，也沒有煩惱。但是，這也不是非常精確的描述。假如你真的想知道，就必須自己去尋找並體驗這顆摩尼寶珠了。

第二次禪七

第一天：清淨六根

淨五眼，得五力，唯證乃知難可測。
鏡裡看形見不難，水中捉月爭拈得。

永嘉禪師所說的「五眼」是什麼呢？簡單地說，就是：1.肉眼，我們天生就有的；2.天眼，可經由修行或前世的功德而獲得，讓人能看到未來和很遠的距離；3.慧眼，讓我們能終止生死的輪迴；4.法眼，能幫助我們看見佛性和法身（當能夠看見時，這樣的人即是所謂的「得法眼淨」）；5.佛眼，就是圓滿的法眼。

要獲得非色身的眼是可能的，但是必須先清淨自己的心。假如心是清淨的，那就可能甚至不必透過色身的眼，而看見別人所看不見的事。在一般或散亂心的狀態中，你所見的和別人所見的大致上相同，也就是說，大部分的人都同樣看到房子就是房子、看見人就是人。

對初學者而言，最基本的訓練首先是清淨眼識。有時候我會請學員看著東西或是坐在對面的人，我會要求他們仔細地看，但是避免去辨別或分類所看到的東西。例如在觀察人的時候，試著不要去想這個人是男性還是女性？是陌生人還是朋友？為了做到這點，我們必須避免運用記憶、想法或之前的任何經驗。要像照相機一樣，能夠沒有分別地看。假如一個人練習得好，就可能以這種不同的方式來看待事物。

幾年前，我在紐約上州的一次禪修中，運用了這種方法。我要學員們到戶外去看能吸引他們目光的東西，其中有一位學員非常專注地看著一棵樹，以致於不再覺得自己是個人——他變成了一棵樹。當我請大家回禪堂時，他完全不動。我對他說：「時間到了，很冷了！走吧！」

他回答：「樹還能去哪裡？」

在臺灣的一次禪修時，我請每個人專注看著戶外的環境，有一位馬來西亞的比丘凝望著遠處的公墓。當他看著墓碑的時候，我告訴他要放下所有的成見，而且不要去想他所看到的是什麼。最後，他停止了所有的念頭，然後看見有人站在墓碑之中。禪修結束之後，他走到戶外再看一次，所看到的就只是一般的公墓而已。

我記得另一次禪修時，有位來自南臺灣的比丘尼前來參加，那時地上遍布許多從不同樹上掉落的花。當我告訴她練習單純的凝視時，她看到樹和掉落的花是一樣的。她撿起地上的花放在樹枝上，就像在為樹枝戴帽子一樣。這麼做讓她覺得很高興，因為對她來說，花和樹完全相同。但是別人看到她的行為時，都不了解她在做什麼。

從一般人的觀點來看，會認為這些人不正常，因為有禪眾看到有人站在墓碑之中，也有禪眾認為樹和花是一體的，而且是相同的。然而，在我所描述的這些例子裡，事實並非如此。多數人會以自我的成見來分別，而我們的眼識是靜態的、遲鈍的、刻板的。因為我們的記憶與喜惡，所以我們的視覺是選擇性的。由於心不清淨，我們的所見也不清淨。若心是清淨的，就能說我們的所見也是清淨的。清淨之眼所見到的與不清淨之眼所見到的，有很大的不同。

禪修剛開始時，當你看到其他禪眾或許會想：「這個人長得真奇怪，那個人看來不友善，另一個真令人討厭……」這些念頭使你感覺不好。但是等到禪修結束，人們似乎既和善又可愛，你感覺跟大家十分親近。其實禪眾並沒有改變，改變的是你的心，所以你的眼識也跟著改變了。

在禪修中，甚至在日常生活中，應該試著不要太依賴你的眼睛。即使依賴，也要試著沒有分別地去運用眼睛。例如坐下來吃飯時，把食物看成只不過是身體的燃料，不去分別，不要想哪種食物是好吃的，還是不喜歡吃的；工作的時候，不要想是不是自己喜歡的工作，做就對了！只有以這樣的心才能讓眼睛清淨，有了這樣的信念，其他感官也才會清淨，你才不會受到這世界的影響而搖擺不定。

影響修行最大的是心，心會動是因為外界的環境。當心停止分別時，就像是對當下所發生的事關閉眼睛和耳朵。我們也能夠以同樣的態度，對過去關閉眼睛和耳朵。假如你能讓心停止追憶過去的事，感官就能關閉對過去的記憶，就像對待現在的態度一樣。當心不再受過去和環境所影響時，要進步就很快了。

這段偈頌也提到「五力」，就是一般修行的五種條件：信、精進、念、定、慧。在禪修中，這五力對修行成功與否相當重要。

今天我要談一下五力中的第一項：信心，它非常重要。首先，一定要對自己有信心，一定要相信前人能夠實現的，你也一定可以實現。假如對自己沒有信心，不相信自己能從修行中獲益，那麼你的興趣就會減低，而且不會再繼續修行。如果你有信心自己能進步，以及能從修行中獲益，那麼你就會有意願並且準備好要精進修行；第二，一定要對方法有信心，必須相信這方法能引導你達到自己想要的目標；最後，必須對教授方法的老師有信心。你要確信老師不會騙你，相信他有開悟的經驗，而且能好好地指引你。

釋迦牟尼佛開示了許多修行方法，經由歷代祖師大德傳承下來，現在我把修行方法教給你們。你要相信佛陀並沒有欺騙我們，不然他就不是佛陀了。同樣地，歷代的祖師大德，甚至是經典，更不可能欺騙我們。現今雖然沒有大師，但還是有許多人從修行中獲得了真正的利益。你應該了解，會來禪修是因為自己的福德和對佛法的深信。因此，你應該對自己有信心，對修行的方法有信心，而且對教導方法的老師有信心。

一些人來禪修之前，曾經早就參加過許多次了。假如禪修沒有用，那麼這些人一定是傻瓜。他們為什麼要浪費假期來這裡打坐七天，而不待在家裡享受親朋好友的陪伴呢？一定是這些傻瓜有信心，因為他們從修行中有所獲益。至少對這些人來說，他們已經具足五力中的第一項條件了。

第二天：假悟境——追求水中月

淨五眼，得五力，唯證乃知難可測。
鏡裡看形見不難，水中捉月爭拈得。

昨天我解釋了這段偈頌的前兩句，今天再來解釋其他句子。第三句告誡我們：要體驗證悟不是一件容易的事；而第四句是說在達到證悟之後，心就會變得完全地澄淨；第五句則是解釋真悟境和假悟境的差別。

禪的開悟（真正的開悟）是從所有的執著中解脫。假如在體驗中生起任何的執著，就不是真正的開悟。假如你有執著，表示你還在聲色光影的境界中，無論這執著是多麼細微或崇高，你仍然會對自己所見、所聽、所想的東西產生問題。具有執著的體驗只是假悟境。

修行佛法或是外道和特異方法時，會發生假悟境。假如你體驗到假悟境，但仍有佛法的引導，那麼你還會維持在正確方法上，不會有什麼太大的傷害。事實上，在用正確方法修行時體驗到假悟境，對修行本身是有所助益的，但是假悟境很容易誤導人，假如沒有佛法的指引，就會很危險。

當你有了體驗，那就表示你修行很精進，而且有了些成果。修行程度比你低的人可能會尊敬你，相信你已經開悟了，但是他們並不很確定。只有修行層次比你高的人才能判斷你體驗的深淺，確定你的層次。要衡量自己的修行是很難的，所以你不能確定自己的悟境是真或假。依賴自己假想的判斷可能會產生問題，因此一定要有一位老師來判斷你的體驗，並且認定真假。

第四個句子提到從鏡中看自己的影像。禪師通常把心比喻為在無始劫以前，就存在於每位眾生心中的古鏡。雖然它是純淨的，卻覆蓋著煩惱的灰塵，導致失去了反映影像的功能。修行就是要袪除灰塵、擦亮鏡子，讓它能夠再次反映影像的過程。

這面心鏡不是普通的鏡子，而是智慧之鏡，能映照出所有眾生的根本問題。不同於一般的鏡子，這面智慧之鏡無法反映出「你」，因為「你」（指自我）並不是真實的存在。只有當你不再分別，而且從煩惱與執著中解脫時，智慧就顯現出來了。

習禪的人有時候會體驗到神通，但若是執著於這種力量，就仍然停留在光影門頭的幻境中。有一次，虛雲老和尚在大家都已經休息時，還繼續在禪堂打坐。這時他看見一位負責掌燈的比丘在上小號，同時也看見另一位比丘在寺院的西邊上廁所，這兩處廁所距離禪堂都不近。隔天他問那兩位比丘是否曾經在半夜起來上廁所，他們都說是。虛雲老和尚確認有這樣的現象，但他並不執著於它。

有一次，當我在打坐時，聽到非常大的聲音，就像兩隻水牛在打鬥一樣，當然附近並沒有水牛。後來，我注意到有兩隻螞蟻在我的身邊打架，但是在我看到螞蟻之後，那聲音就消失了。

假如禪修得很好，你的感官會變得更敏銳，看到和聽到的會超越一般人的能力範圍。這些現象在修行中會自然發生，但這不是開悟，所以不要去執著它們。

假如你有智慧，就能給予眾生任何他們所需要的，而且能幫助他們克服自己的根本問題。這並不表示你有神通，神通受限於時間和空間，是不可靠的，而智慧則是無限的。

第五句「水中捉月爭拈得」指出真悟境與假悟境之間的分別。錯把月亮的倒影當成是真實的東西，其實是在欺騙自己。有一則禪宗故事提到，有個人看到水中的月亮，就想把它帶回家。於是他提著一桶又一桶自認為的月亮回家，結果發現桶子裡只有水而已。

把假悟境誤認為開悟，就像是在抓水中月。如果你修行到心已清明、平靜與安定的狀態，或許會看到美麗的景象，聽到美妙的聲音。這時候你可能會以為自己開悟了，但這只是反映在水中的月亮罷了。真正的開悟，與光、聲音和影像無關。

你或許會覺得把水中的月亮當作真月亮的人很好笑，但是許多人在禪修中有所體驗的時候，就會覺得很興奮，因為從未有過這樣的體驗，因此會覺得自己開悟了。對你來說，這是非常神奇的，但是對已證悟的人來說，這只不過是水中月。不要被你所看到的或所體驗到的誤導，有所體驗是好的，但是如果執著它，就會變成修行的障礙。

在這次禪修中，大部分的人可能連水中月都還沒有見過，你們還受困於自己的妄念。心就像是一頭餓牛，會不斷地走離正道，去吃旁邊的嫩草。你要抓住牛的鼻子，把牠拉回正道上。假如不管牛，牠就會一直去吃草，一定要把這頭牛變成鐵牛，鐵牛是不會餓的，也不會受到草的誘惑。

要注意！一頭飢餓的牛往往也是很懶惰的。牠吃草吃飽了——也就是你的心不斷打妄念之後，就會開始打瞌睡，等到肚子餓的時候，才會再次醒過來繼續吃草。你要努力修行，控制你那如牛一般的心。

第三天：孤立自己

常獨行，常獨步，達者同遊涅槃路。

調古神清風自高，貌顇骨剛人不顧。

這段偈頌描述的是修行人的身與心。一位偉大禪修者的生活方式是非常獨立的。每位禪修者都會過著單獨的生活，走他自己的道路到達涅槃。雖然禪修者是一個人，但他並不寂寞，不需要伴侶。他的伴侶就是法，而他的生活就是修行。為了進入不生不滅的境界，你一定要有這樣的態度。

雖然從釋迦牟尼佛開始，我們才有禪法，但禪本身是相當古老的，它自無始劫以來就存在了。同樣地，一位偉大的禪修者在外表和態度上也會顯得相當老成。表面上，他可能看起來很普通而瘦削，但仔細地看，他的活力顯而易見。你不會認為他是個聖者，因為他不會讓人注意他，名譽、權力和財富對他而言是不屑一顧的。他的態度高貴而安定，他的心寂靜而祥和。真實的修行者是學習獨自走在佛道上的。

所以在禪修期間，我要求大家要孤立自己。這不是件簡單的事，因為你們都有需要照顧和思念的家人及朋友。但是在禪修期間，一定要把對他們的思念全部擺在一旁。當你有雜念時，這些雜念總是跟其他人相關聯。有一位學員告訴我，他不和女朋友一起參加禪修，因為他會掛念女朋友修行得怎麼樣了。他的女朋友雖然不在這裡，但是我相信他的心一定經常跟她在一起。禪堂的牆阻擋不了追尋的心念。

要孤立自己有幾個步驟：首先，你必須將自己從周遭的人當中孤立起來。就你而言，你要當作自己是唯一在禪堂中打坐的人。不要去管身旁的人，不論旁邊的人是在咳嗽、搖動，或是一直去上廁所，這些都跟你無關。禪坐時，你可能會聽到有人笑、有人哭，甚至有人尖叫，當然這都會引起你的好奇心，但是一定要學著將自己從周遭的人當中隔開來。

下一步是將自己從聲色光影的環境中孤立起來。相對來說，要放下外在環境的景物和聲音比較容易，如果你不能將自己與刺耳的喇叭聲和吵雜的收音機聲隔開，那麼你的心將會是相當散亂的。然後，你也要從身心內在的紛擾中孤立自己，任何你所看到、聽到、感覺到或想像到的，都不要去攀緣，這其實滿難的。假如你能將自己與這些現象隔開，修行就會平順，而且可以穩定地進步。

有個故事是關於一位老婦人供養了一位比丘二十年，讓他在靠近她家的一間茅屋修行。有一天，老婦人叫自己的十八歲女兒送飯給這位比丘，然後抱住他，問他感覺如何。女兒就照做了。當她抱住比丘後，問他有什麼感覺，比丘說：「就像乾的枯木倚在冰冷的岩石上。」（枯木倚寒岩，三冬無暖氣。）

回家後，女兒便原原本本地向母親報告。這位老婦人聽了，十分生氣地拿了掃帚來到比丘住的茅屋，說道：「我供養了你二十年，以為你是個真正的修行者，沒想到你只是個光頭俗漢！出去！出去！」她一邊吼叫，一邊用掃帚把他趕了出去。當他遠離視線之後，老婦人就放一把火將茅屋給燒了。

老婦人之所以生氣，是因為這位比丘只達到第一階段的孤立。他將自己孤立於人們和外在的環境，但仍然執著於他自己的孤立，並沒有超越內心的雜亂。

顯然要在佛道上獨自前進並不容易，你必須先在自己的身體和環境上努力。假如你能立刻將自己從心中孤立起來，就不再需要參加禪修了。一旦你能完全讓心從內在和外在的各種現象中孤立起來，接著把這孤立的心打碎，結果就是開悟。然而你不應該想到要開悟，所要做的只有持續在方法上用功，不去管其他的事。不要拿自己和別人做比較，無論他人做得好不好，都不關你的事——無論是在禪修中，或是日常生活中都一樣。只有以這樣的態度來修行，才有可能進入禪門。

我們要了解，從人群中孤立自己，並不代表必須一個人獨居，在人群當中也有可能做到孤立。想像你只是一個人獨處，不過，事實上你的確是單獨一個人。你單獨地來到這個世界，而且也會單獨地死去。即使緊緊地跟自己的愛人抱在一起，一起喝毒藥，然後在同一時間死亡，最後還是得單獨離開這個世界。你的業就只屬於你自己。

在所有的事和所有的人當中孤立自己，是個很難培養的技巧。因此，許多老師往往也會鼓勵有心修行的人，獨自遠離社會至少一段日子。在古代的中國和西藏，許多偉大的禪修者都會花長時間隱居。現代也是一樣，有許多禪修者閉關修行。我曾經在臺灣的山中，花了六年的時間閉關。閉關期間，當別人聯絡我時，我不會不理他，但是卻不曾有人來拜訪我。我沒有電話、沒有信、沒有同伴，這是一種感覺渺小、謙卑的經驗，我卻覺得自由而隱晦。一般而言，若是別人不理你，甚至輕視你，對你的修行來說，其實是有幫助的。若大家都把你當名人或英雄來對待，你的修行可能就遭殃了。

在中國當代，有位聞名的和尚叫來果禪師。當他還很年輕時，就已經是一間著名寺院的住持。但是他當了三年的住持後便退休了，然後改變自己的身分，前往一間沒有人認識他的寺院。他要求寺院給他一份清理廁所的工作，然後花了幾年的時間不斷修行。直到有一天，一個從以前寺院來的弟子認出了他。來果禪師請求他保密，但是他當過住持的消息還是傳開來了。

在還沒有人找他談之前，他已收拾好衣物離開，搬到另一個地方去了，因為他感到自己需要更多的時間來修行。最後，大家還是發現了他，把他請回寺院。

假如不是有人把你拉離修行的話，那就是念頭把你的心拉離了方法。無論是在人群之中，或是單獨修行，一定要試著孤立自己的心。孤立自我的想法似乎很可笑，但它真的有效。社會上有許多令人分心和執著的事物，一旦你對任何東西產生了一點點渴望或厭惡，就會對修行產生障礙。

在這次禪修中，有一位學員告訴我，最近他的表哥因癌症去世了，他感到十分難過。我問他：「你的表哥過世，誰會最難過？」

他說：「大概是他的媽媽吧！」

我告訴他：「那麼，其實你應該為自己沒有好好修行而感到難過。不要再浪費時間悲傷了，應該運用從修行中得到的智慧，來幫助你的阿姨，讓她不要難過。而且，你也應該好好運用方法來修行，然後迴向給過世的表哥，這樣他也許能往生到比較好的地方。悲傷有什麼用呢？」當然，我不會對每個人都說同樣的話。那些善持佛法，而且有穩定修行基礎的人，就能夠了解我的建議，並且付諸實踐。

希望你們在這次禪修中剩下的時間裡，都能有所獲益，而且能學會孤立自己。現在，趁你還有機會的時候，精進修行，當你回到日常生活中，就很難從家人、朋友，以及所居住的環境中孤立自己了。煩惱難免會生起，但是假如你修行得力，就能在煩惱尚未在心中生根之前斬斷它們。

第四天：少欲之富

窮釋子，口稱貧，實是身貧道不貧。
貧則身常披縷褐，道則心藏無價珍。

在釋迦牟尼佛的時代，比丘外表看起來很貧窮，但是在精神和心理上，卻是非常富有的。只有出家的比丘和比丘尼可以真正的貧窮，因為在家居士不可能沒有錢過生活。居士必須為自己和家人提供食物和住宿，而比丘和比丘尼並不需要錢、房子或土地，他們是從這些物質控制中解脫出來的。無論有沒有這些東西，對他們來說都沒有差別。

當然，貧窮的誓願不能讓人自動地從執著的事物中解脫，這種解脫只能從法的教化中得來。然而，這樣的誓願還是可以使人從賺錢和累積物質財富的責任中解脫，並讓人比較容易放下這些事物。相反地，假如能夠解脫物質欲望，出家人會覺得全世界都是他們的——他們擁有了自己無價的摩尼寶珠，也可稱為如來藏、佛性、真如、本性。

你的精神生活並不是由你的物質環境所決定。一位比丘尼或許很貧窮，身穿粗布，依賴他人的供養，但若是她能了解內在的無價之寶，那就是真富有。然而，若有人渴求物質上的財富，那才是真貧窮。同樣地，從不滿足的富人也不算富有。假如有人滿足於他所擁有的，即使東西不多，但卻是真正的富有。

無論是出家還是在家，一位認真的禪修者會關心自己的修行，勝過他的家、家人或生計，甚至不會珍愛自己的生命。這並不表示他會放棄自己的家人，辭去工作，或糟蹋身體。他相當清楚自己的職責，但是不會執著這些，以這種態度一定會讓他的修行成功，然而卻不保證他能夠開悟。

太虛大師曾經擔任過許多寺院的住持，而且每一所寺院都有上百位，甚至上千位比丘、比丘尼。這幾千位出家眾將他們的一生奉獻在修行上，或許其中只有一百位達到證悟，但這並不表示其他人是在浪費時間，因為至少他們都曾經修行過。修行比不修行好，就像開悟比沒開悟好。

在這首〈證道歌〉中提到，出家人身上是清貧的，但在「道」上是富有的。道並不只是指開悟，這裡指的是修行的道路。一九五九年往生的近代禪宗大師虛雲老和尚，以不動搖的決心精進修行多年，對大多數人來說，如此長的時間可能讓人早就放棄了，但是最後他在五十六歲時徹悟。以一般標準而言，這算是相當晚的，但虛雲老和尚活到一百一十九歲。當他努力修行的時候，絕不會說：「這要花太多的時間，我要放棄了！如果無法開悟，我就不要當和尚了。」證悟並不是修行的唯一理由，修行本身就是一件重要的事，修行就是目的。

無價珍，用無盡，利物應機終不悋。
三身四智體中圓，八解六通心地印。

當你發現到開悟的無價之寶時，就可以運用它來幫助別人開發他們自己的無價之寶。它的力量和用途是無限的，無論你使用了多少，剩下的都跟原來的一樣多。經典稱它為摩尼寶珠，它就是你的本性。當你發掘出自己的本性，所顯現的智慧就能幫助你自己和其他人。這種智慧是不會被浪費的，不需要儲存，更不必限量。

伴隨著無價之寶的，有三身、四智、六神通和八解脫。這些都只是幫助眾生獲得解脫的善巧方便。我會列出這些，不過不加以詳細說明。

三身指的是法身、報身和化身。四智是大圓鏡智、平等性智、妙觀察智和成所作智。六神通是天眼通、天耳通、他心通、宿命通、神足通和漏盡通。「漏」是指想法、言語和行為是從自我執著中產生的。漏盡通能讓人從生死中解脫。

八解脫是：1.內有色想觀外色解脫、2.內無色想觀外色解脫、3.淨解脫、

4.空無邊處解脫、5.識無邊處解脫、6.無所有處解脫、7.非想非非想處解脫、8.滅受想解脫。八解脫是對應於八種禪定，不同層次的禪定能讓人脫離特定的執著，但是八解脫並不會讓人從生死輪迴中解脫，第九定（滅受想定）才能讓人從輪迴中解脫。

禪修者不需要特別去修三身和四智，因為在證悟本性後自然會成就。同樣地，也不需要修六神通和八解脫，這些都會自然呈現在證悟者的清淨心中。當證悟者與別人互動時，會運用智慧去幫助眾生，但他極少展現神通。禪宗祖師和證悟者在外表和行為上，看起來都跟普通人一樣。所以，只要將你的時間和精力投注在直接體驗本性上，而不必嘗試去發展特殊的能力。

第五天：堅持修行

上士一決一切了，中下多聞多不信。
但自懷中解垢衣，誰能向外誇精進。

大略來說，由於根性不同，修習佛法的人可分為三類：上等根器的人是上士，中等根器的人是中士，下等根器的人則是下士。

上等根器是指在前幾世時，就已經達到了修行的較高層次。通常這樣的人遇到佛法時，絕對不會對教法起疑，他會立刻、完全、全心全意地接受。然而，有時候事情並非如此。在佛教史上，有不少禪師在剛接觸佛法時，是採取反對的態度。

宋朝有位宰相名叫張商英，他非常痛恨佛教，便決定要寫一篇文章駁斥佛陀的教法。當他沉思要如何攻擊佛教的時候，妻子問他在想什麼。他回答說他厭惡佛教，所以準備寫一篇文章來證明佛性並不存在。

他的妻子回答：「假如沒有佛性，那又有什麼好批評的呢？為什麼要批評不是真實的事情？你這樣做，只會更加證明佛性是真的。假如你要反對一件事，一定要先有這件事可以反對。假如本來沒有，那就像是用一隻手鼓掌一樣，你的手只是在空中拍打，不會發出聲音來。」張商英聽完妻子的話後，覺得自己很愚蠢。之後他蒐集了很多關於佛教的資料，讀了許多與禪有關的書。他讀得愈多，就愈有興趣，最後他開悟了。

明朝蕅益智旭大師是一位研究好幾種佛教戒律的比丘，他也是個十分類似的例子。他年輕時非常反對佛法，以輕視的眼光寫了好幾篇文章，試圖扭曲佛教。他反對佛教很長一段時間，然而由於這分熱情，他到後來反而成為佛教大師。

因此，具有上等根器的人不必然會在初次接觸佛教時，就全心全意地接受佛法。或許他在剛開始時會完全反對佛教，然而在一段時間之後，自然會轉變他的信仰。當這種上等根器的人接受佛教時，他就會完全了解並且接受佛法，不會再有任何懷疑。

然而，中等和下等根器的人不同於上等根器的人。他們會盡力學習和研究佛法，但是會問：「這樣的法適合我嗎？我真的要這樣做嗎？這樣做的目的是什麼？」

有則故事是關於一個糖果店裡，眼睛比胃還大的小孩。這個小孩看著店裡一罐又一罐的糖果，他全部都想要，可是又吃不了那麼多，所以他拿了一塊糖果咬一口，感覺那味道後就吐掉。然後他拿了一塊又一塊，同樣地咬了一口就吐掉，最後試遍了整個店裡的糖果。雖然他的嘴巴充滿了許多糖果的味道，但是卻連一口糖也沒吃進去。接著他開始覺得不舒服，想嘔吐，結果變成了不好的經驗。中等或下等根器的人，可能會像這個小孩一樣。

佛教的法門——也就是修行的方法，是無數的。〈四弘誓願〉中說「法門無量誓願學」，但這不表示你應該像那個糖果店的小孩，試遍所有的法門。在開悟之前，選擇一種方法堅持它、學習它，而且精進修行。雖然你發願要學習所有的法門，但這也不表示你可以學習一陣子就放棄，然後去找別的法門。你應該不斷地修行，而不是瀏覽。

有時我不鼓勵某些人來參加禪七。這些人告訴我，他們已經嘗試了各種打坐的方法——持咒、唱誦、觀想、念佛等等。我對他們說：「假如你要參加禪修，就要放棄過去曾經學過的任何方法，而只用禪的方法。」我為什麼要這麼說？除非你對一個方法有信心，而且只學這個方法，否則修行不會進步。對方法有信心十分重要，而且是必要的，如此你才能入門。不要浪費時間嘗試進入許多門，因為實際上並沒有門，所以無論你選擇哪一扇門，都應該要堅持。假如你非常勤勉而不留餘地地精進，一定會進步，最後就會發現入口。一旦你通過了，就會了悟到，其實並沒有一扇要通過的門。

對方法有信心相當重要。人們無法建立信心的原因之一，是因為沒有在方法上花足夠的時間讓它成熟。就像煮飯一樣，如果飯沒熟，你不能怪爐子或米。

西方有句諺語：「條條道路通羅馬。」譬如你走在路上，可是沒走幾哩路就心想：「這條路可能不會到羅馬。」然後換另一條路。假如你在每條路上都這樣，便永遠無法到達目的地。每條道路都可通往羅馬，但是如果你不隨著一條路走到底，便永遠不會知道它通往哪裡。

重要的是堅持不懈。只有在你修行的時候，門才存在，一旦進了入口，這道門就不重要了，那只是你修行上的一個階段，並不是最後的目標。這就是為什麼不應該擔心自己進步，或是誇口自己有多行。結果並不是那麼重要，過程或修行本身才是重要的。

然而，在修行過程中，很難知道自己是否有所進步，或是很難清楚知道目前所處的階段，甚至可能當你覺得自己停滯時，其實卻是在進步。有時候你覺得自己退步了而想要放棄，事實上，不論向前進或向後滑，都是進步的跡象。

當你爬山的時候，必須一步一步地往上走。下一步或許不會比前一步高，有時甚至低一點，但是過一陣子之後，你知道自己已經比剛出發時走得更遠。如果你停下來休息，也許不是一直攀升，但是仍然比原先的地方高，而且當你再次繼續走的時候，會覺得更有活力。休息不必然不好，也不必然是內在修行的徵兆。

如果你是逆流而上，即使用盡全力，也很難有進展，而且一旦你停下來，流水就會把你沖退。你並沒有往後游，而是流水將你往後推。例如你一直往前游，但流水卻將你往後推了二十公尺，雖然你可能距離出發點只有十公尺，可是事實上你已經游了三十公尺。所以，要重視的是過程，而不是結果，所有的努力都不會白費的。

真正的修行人不會誇口他們的成就、進展，或甚至是他們的方法。不要把你的修行或成就看得很重，修行是自己的事，你所要做的是繼續把一層又一層的煩惱剝掉，也就是永嘉禪師在〈證道歌〉裡所說的「髒外衣」。

有另一個關於來果禪師的故事：這個年輕的住持不想再教人了，他覺得自己需要更努力修行，於是便跑到深山裡。過了一陣子，來果禪師的師父即將圓寂，需要一位值得信賴的弟子來接管寺院，便派人去把來果禪師找回來。

有一天，來果禪師在摘野菜的時候，忽然有顆大石頭落在他身旁，但是來果禪師就像沒事般地回到自己的茅屋。第二天，又發生了同樣的事，而他也一樣好像沒事般地又回到茅屋。這時，他發現師父派來的比丘正在屋裡等他。這位比丘對他說：「你已經證悟了，必須回到寺院帶領大眾，你不能逃避自己曾經發過的誓願。」

來果禪師回答：「我想你是對的！假如我開悟了，是應該去教導別人。山神似乎也同意你的看法，因為他已經對我丟了兩次大石頭。」

他隱居在山上，是因為修行是個人的事，但是現在別人需要他，所以他就離開了獨居的小屋，跟這位比丘回到寺院。修行不是要展現給別人看，或是要獲得讚賞。我建議你持續修行，不要被其他的事情打擾。

第三次禪七

第一天：追隨佛法的引導

從他謗，任他非，把火燒天徒自疲。
我聞恰似飲甘露，銷融頓入不思議。
觀惡言，是功德，此則成吾善知識。
不因訕謗起冤親，何表無生慈忍力。

這些偈頌是針對禪修者在日常生活中可能面臨的問題，提供中肯的建議。永嘉禪師建議，我們應忍受來自他人的侮辱、批評和誹謗。相反地，你應該覺得非常欣喜，就像在快要渴死的時候，有人送來很好喝的飲料一樣。在中國，甘露是傳說中的長生不死藥。當人們誹謗你時，你應該接受他們的話語，就像在接受甘露一樣。

你應該感激那些批評你的人，因為他們的作為會對你的修行有所助益。即使被批評的事都不是真的，你也完全沒有做過他們所說的事，但是這些批評將會讓你更加警惕。批評會加強警覺性，幫助你不去犯所被批評的事。假如能按照永嘉禪師的建議來處理批評和侮辱，你的行為就會正確，而且修行會愈來愈好。

宗亦通，說亦通，定慧圓明不滯空。
非但我今獨達了，恆沙諸佛體皆同。

永嘉禪師說，我們必須通達「宗」（禪），也要通達「說」（教）。「宗」指的是心法，也就是只有透過修行才能了悟的事。「說」則是透過語言文字所表達出來的法，是經由理智來吸收的。「宗」和「說」都很重要。我們學習佛法，經由理智來了解經典文獻，而「宗」也就是心法，必須直接從修行中體驗。絕大部分的人第一次接觸佛教時，都是經由語言文字來了解。學習佛法之後，你會選擇一種修行方法，並且以佛陀的教法做為修行和日常行為的指引。之後，經由修行與學習，你將會體悟到心法。如果你認為：「既然我原本有佛性，就不需要學習或修行了。」這樣的想法是不對的，我們內在的佛性一定要經由學習和修行才能發掘出來。

禪宗告訴我們不要依賴語言文字，但是所有的禪宗祖師都會說法以利益眾生。師父會以最適當的方式來教導弟子。如果師父沒有教導修行的方法、修行的正確觀念及態度，弟子就可能會迷失於外道（特異教法）中，或者產生身體、心理上的障礙。

在臺灣，有一位跟著我參加了好幾次禪七的弟子，在一次禪修打坐的時候，聽到有個聲音對他說：「聽好！我會教你正確的修行方法，讓你以最快的方式成就佛果。」

弟子說：「我必須先去問問我師父。」

這聲音說：「不必這麼麻煩！我教你的方法會讓你很快達成佛果，你的師父甚至都還沒有證得佛果呢！」

弟子回答：「我認識我師父好多年了，有許多人也都跟著他學習，大家都說他對佛法有正確的觀念，而我才第一次遇到你。」

聲音又說：「是不是第一次不要緊，重點是你的業已經成熟了，所以現在我要教你。」

弟子回答：「我要跟我師父說！」於是他停止打坐，來告訴我他的經驗。我教他不要再去理會那個聲音，而且放下心中任何對這個經驗的執著。

有另一位弟子最近寫信給我，說她才剛讀完一本書，內容是一個人自稱是西藏喇嘛的轉世，他的責任是把真正的佛陀教法傳播到西方。事實上，這個人是英國人，曾罹患很嚴重的疾病。有一天他的病忽然好了，但整個人的性格卻起了很大的轉變，而且聲稱有一位西藏喇嘛的靈魂占據了他的身體。弟子跟我說，她認為這位英國人所教的佛法跟她所理解的正確佛法有所出入。她問我：「假如他真的是西藏喇嘛的靈魂，為什麼他的佛法聽起來會差那麼多？」

我告訴她：「並不是真的有個西藏喇嘛的靈魂占據了他的身體。充其量，那只不過是個自稱為西藏喇嘛的神或鬼怪罷了。」

類似的情況可能發生在長時間精進修行的人身上，一般稱為「魔障」。如果你照著它所說的去做，就會落入魔境。這些眾生自稱是菩薩或上界的天神，其實只不過是鬼或魔而已。假如你想學藏傳佛教，就跟一位喇嘛學習；假如你想修禪，就跟一位禪師修行，不要跟鬼學。

要辨別真正的老師和鬼怪不是件容易的事，特別是對佛法沒有良好基礎或正確了解的人。這也就是為何這段偈頌強調修習心法，以及學習佛教經典的重要。心法上的真正了悟，是奠基於祖師們所寫下的文字和口傳下來的佛教文獻。大部分的修行者是先經過理智上的努力，然後透過直接的體驗來了解。

事實上，也有可能因為聽聞或閱讀佛法而直接體驗到心法，就像六祖惠能大師的例子。他在證悟之前沒有讀過任何經典，因為他沒受過教育。他第一次接觸到佛法，是聽到有人在讀誦《金剛經》。就在他聽到經文中「應無所住而生其心」的句子時，當下便完全、直接地了解並且立刻開悟。惠能大師是少數的例外。

一般的禪修者不應該只基於他自己的判斷，就認定某位老師，或是在還沒有對佛法有正確的觀念和了解前，就一個人到山上閉關。他沒有辦法辨別好的、不好的，以及假的老師，而且如果他獨自到山上修行，大概會碰到麻煩。先決條件是他必須要有見性的經驗。他應該跟隨某位公認為好老師的人一起學習，直到有開悟的體驗。這位老師的行為也許不像佛陀那麼完美，但是只要他對佛法的理解是正確的，學生就能夠獲益。

完全了解心法和教法是修行的先決條件，修行的結果就是定和慧。定和慧有兩類——有漏和無漏。定慧是同時的，而且相互增上：當定生起時，慧就生起；當慧變深時，定力也會變強。

有時候，當一個人認真修行時會體驗到「假空」，這不是禪的「真空」。當禪修者體驗到假空時，會變得被動和冷漠，對什麼事都感覺無所謂。他甚至可能會對社會和生命產生厭惡感，不再深切地關心任何事——無論是家人、事業或是未來。因為對他而言，一切都是虛幻的執著，都是一種繫縛。他想要把所有的一切都拋開。

這種經驗曾經發生在我的一位弟子身上。他在參加禪修後，發現所有的事物都是空的。回家後，就把所有的錢拿來請朋友吃飯，然後把所有的東西都丟掉。朋友擔心他瘋了，就把他帶到精神病院，但他仍堅持自己沒瘋。事實上，他是對的，只是暫時為假空所迷惑，使朋友誤以為他瘋了。這種感覺持續不了多久，在一小段時間之後，他對世界的正常觀感又回來了。

第二種「假空」可能比我剛才提到的情況更嚴重。在修行一段長時間後，禪修者或許會發現一切都是空的，而且感覺一切都是虛幻的。過去、現在、未來都是幻相，沒有佛、沒有菩薩、沒有因也沒有果。有這種態度的人，會覺得自己可以做任何事。他或許會想：「即使我殺了人，下輩子會承受殺人的果報，但事實上，這只是一種幻相，跟我一點關係也沒有。」像這類的假空是相當危險的。有這種情況的人，可能會對自己或他人造成傷害。

體驗到這種假空時，他可能會把佛像、經書全都丟掉，可能破了五戒還合理化地說：「既然每個人都是佛，我又為什麼要修行、持戒？戒是給一般人持的，而我是已經證得佛果的人了。」很不幸地，他只是在欺騙自己而已。

這就是為什麼〈證道歌〉說：「定慧圓明不滯空。」這句偈頌中的「空」，指的即是上述兩種假空。你不應該以空和有的名相來了解定和般若慧，你必須不執著於空，也不執著於有。對修行不要尋求任何結果，包括對空的體驗。已證悟的人不住於空，也不住於有。正確的態度是將修行本身視為結果，在修行中所遇到的體驗，要視為虛幻，不要去理會它們。

永嘉禪師解釋自己不是唯一這樣認為的人，如恆河沙那麼多的諸佛，也有相同的體悟。

第二天：拋掉理論和經驗

師子吼，無畏說，百獸聞之皆腦裂。
香象奔波失卻威，天龍寂聽生欣悅。

永嘉禪師經常會用動物的譬喻，來描述不同種類的人接觸佛法的情況。在偈頌中，獅子指的是開悟的禪師；驚怖而畏縮的動物，指的是剛剛接觸佛法和修行的一般人；香象指的是其他傳統的學者、老師和修行者，在聽到禪法後，會因為禪法的深奧而倍感威脅；聽到禪法時會深深處於欣悅之中的天龍，指的是體驗過深刻悟境的禪修者。然而，不必開悟也能從佛陀的教法中感覺喜悅和獲益。真正接受佛法的人，甚至在第一次聽到禪法後會非常欣喜，而且可能會被激勵而去修行，並且支持僧團。

我聽過有位基督教牧師在讀到禪的修行時，感到十分困惑，因為他讀到了某位祖師訶佛罵祖的故事。有一則故事說，一群比丘在討論佛法，其中一位比丘說：「假如我說了一次佛的名號，我就要刷牙三天。」另一位比丘說：「把佛找來！當我看見他時，我要把他打死，然後將他的屍體拿去餵狗。」

這位基督教牧師覺得很不解。一方面，佛教徒宣稱相信佛陀和他的教法；但另一方面，他們卻不又願稱佛的名號，甚至覺得會汙染自己的嘴巴，然後在下一刻又繼續拜佛、念佛。這位牧師無法理解禪修者到底是什麼樣的人，是否腦袋有問題？

在一次從臺灣搭機飛往紐約的途中，我在韓國首爾轉機，坐在一位基督教牧師旁邊。他正在讀一本書，書裡有韓國寺院中佛像的圖片。牧師指著這些圖片問我：「你信仰這些佛像嗎？」

我回答：「我相信佛像的作用，但我不信仰佛像。」

牧師問：「你祈禱嗎？」

我說：「我自己本身不祈禱，但我教其他人祈禱。」

牧師說：「你說你不祈禱，卻教別人這麼做，你這不是在欺騙他們嗎？」

我向他解釋，在佛教中，有許多層次的教法，在不同的層次，有不同的教法來引導禪修者修行。我說：「例如我有許多身為基督徒的弟子和學生，其中有些人還繼續上教堂，我認為他們這麼做滿好的。他們跟我學習、修行，是因為他們相信佛教能提供他們宗教中所缺乏的東西。」

牧師就問：「那你教他們什麼？」

我說：「我教他不要相信佛，不要相信上帝，甚至不要相信他們自己。」

牧師很震驚，說：「那簡直是瘋了！」然後他就沉默了。過了一會兒，他問：「你願意教我一些佛法嗎？」

我遇過不少這種和其他宗教人士談話的機會。他們起先會惋惜我是學佛的人，但是後來就會要求我教他們佛法。

禪法對許多人來說是很難接受的，特別是那些習慣於世俗宗教和哲學的人。他們在了解基礎佛法之前，會對禪法感到害怕。在他們對禪法有了基本的認識之後，通常仍會覺得害怕，因為他們了解自己距離真正的佛法修行還很遠。禪宗並不會轉化人的信仰，或是征服別人的想法和信念，它讓你自己選擇——接受或拒絕佛法，這是你的責任、你的問題、你的決定。

第一次聽到佛法的人可能會尊敬它，但可能還是很難改變自己的態度和信仰。每個人都有自己不同的看法和個人業，不需要去強迫別人接受他們還沒有準備好，或是還不願接受的事。

遊江海，涉山川，尋師訪道為參禪。
自從認得曹谿路，了知生死不相關。

以四處參訪行腳的方式來學法，是一種禪宗的古老傳統。永嘉禪師曾經旅行過許多地方，參訪過許多老師，學過許多方法。當他最後見到六祖惠能時——也就是在這段偈頌中所說的曹谿，他體悟到自己至目前為止所做的一切，和解決生死問題一點關係也沒有。他過去所做的一切，都不是真正的修行。

唐朝有位黃檗禪師，他的師父是百丈禪師，百丈禪師的師父是馬祖禪師。這三位都是偉大的禪師，黃檗禪師卻說：「在大唐王朝中，沒有一位禪師。」

黃檗禪師的意思是什麼？馬祖和百丈兩位禪師有許多優秀的弟子，所以實際上有相當多的禪師在教導佛法。比丘和比丘尼們花了他們人生大部分的時間在行腳、參訪寺院，以及在偉大的老師門下學習。其實黃檗禪師的意思是：假如人們無法掌握到佛法的精髓，那麼對他們而言，等於是沒有禪師，有沒有真正的禪師則是另外一回事。

許多修行者往往會執著於自己的修行，或是在修行過程中所生起的經驗。一般來說，修行者會跟隨幾位老師學習，讀誦經典、參加法會和禪修。他們會遇到各種不同的宗教傳承，嘗試不同的修行方法。一般人對自己之前所學的事物和經驗，往往會產生強烈的執著。假如緊抓著心中的執著不放，修行就會遇到困境。當人們決心跟定一位師父學習時，就應該把之前的所學放在一旁，包括其他佛教宗派的禪法，或是不同的心靈傳統教法，而只要努力學習新的方法。

以前曾修行過的人，如果現在跟我學習，我會建議他們把以前所學的全部都放下，就像是第一次聽聞佛法一樣。如果能忘記過去所學，甚至只接受一句我所教的禪法，他們就會進步得很快。但是如果無法做到這一點，那麼他們之前修行多年的經驗和學習就會出現，無論我說什麼，都不會有多大的效果，因為過去所殘留下來的東西，會讓他們無法跟著我學習。

當你們來到這個禪修中心，我告訴你們不只要拋開從其他老師那裡所學到的，甚至也要拋開我過去曾教給你們的。我昨天所說的，不必然對今天的你有用；我兩個星期前所說的，可能對你現在的修行也沒有用；只有今天我所說的，對今天的你有用，而且我對你說的只對你有用，我對別人說的，跟你沒有關係。

正確的態度，是把所有對於法的觀念、過去你所學的一切方法，和過去所有的經驗都拋諸腦後；把所有的都放掉，只針對目前的方法用功。雖然過去你所學的，為你奠定了良好的基礎，讓你能夠用功，但是只要你試圖跟現在所學的相連結，就會在心裡製造障礙。來自過去的力量會一直跟著你，你必須將自己與它分開。

不過，如果你能持守一句佛法，全心投入地去了解它，那就不需要其他教法了。然而，只有非常優秀的禪修者才有辦法做到。馬祖禪師有位弟子名叫法常，馬祖禪師告訴他「即心即佛」，法常禪師便把這句話牢記在心，並且投入修行。幾年以後，法常禪師離開馬祖禪師，前往梅山。

有一天，馬祖禪師派了一位弟子到梅山，跟法常禪師說：「馬祖禪師已經改變了他的教法。他以前說『即心即佛』，現在則說『非心非佛』，你認為如何？」

法常禪師回答：「這老傢伙還在玩他的老把戲？只要他高興，他可以隨時改變教法，但是對我而言，我還是『即心即佛』。」

這位弟子回去稟告馬祖禪師，馬祖禪師聽了之後相當滿意，他稱讚法常禪師：「梅子已經熟了！」

當馬祖禪師告訴法常禪師「即心即佛」時，法常禪師有所受益，他體認到自己的獲益並受持這句話。之後，馬祖禪師可以對別人教導其他任何的教法，但是都和法常禪師沒有關係了。

假如你受益於一句佛法，應該受持並且不要忘記。若是你能通達一句真實的佛法，也就不再需要尋求其他的老師，一句話足以開悟了。如果你學了許多修行的方法，但是都無法解決生死問題，那麼那些修行方法又有什麼用呢？

不要浪費你的時間在理論和概念上，直接將自己投入方法中。失去方法時，要趕快回到你的方法上。開示中我所說的內容，都會不斷地提醒到這一點，如果我什麼都不說，你的心就會老是充滿各種念頭和幻想。這些開示的目的是要把你散亂的心拉回來，讓你的念頭集中，直到什麼念頭也沒有。在你能夠做到這一點之前，我會繼續一直說。

第三天：修行不限於打坐

行亦禪，坐亦禪，語默動靜體安然。
縱遇鋒刀常坦坦，假饒毒藥也閒閒。

禪修者從不離開禪。事實上，所有的眾生、形體、現象也從不曾離開禪。無論你是否修行，也從未與禪分離，禪是無所不在的。

有時會有人問我：「你教的是日本禪還是中國禪？」這是個很荒謬的問題。一九七六年，我第一次在美國舉辦禪七，當時我告訴參加的人：「我並沒有把禪從遙遠的東方帶來，禪不是我所能帶來給你們的東西，禪一直在西方。」

從前，人們問達摩祖師從印度帶了什麼到中國來？有一位禪師回答「麻三斤」，一位說「一大缽」，另一位回答「大蘿蔔」，還有一位說「這件袍子是在青州做的」。如果要去分析這些答案，就會像一開始所問的問題一樣愚蠢，這是針對不合理的問題所給的荒謬答案。禪並不是由達摩祖師從印度帶到中國的，也不是由禪師帶來美國的。無論是否有佛法、禪修者或禪師都沒有分別——禪本來就存在。

到處都有禪，即使是沒有人曾經聽過佛法的地方。當狗在吠時，這就是禪；當貓抓老鼠，這也是禪。但這並不表示狗和貓都已經開悟了。禪是一回事，修行又是另外一回事。

關於禪和禪修者，有第二層意義，禪和打坐不必然是一樣的。禪不只限於打坐，行、坐、吃、睡可以都是禪。在佛教的習慣用法裡，是以「行、住、坐、臥」來代表人類的所有活動。

昨天，有學員告訴我：「我想離開。我坐在那裡都在做白日夢，沒有任何進步。我只是在吃禪中心的食物而已。」

我回答：「吃就是禪。如果你用專注的心吃東西，那就是在修行。繼續待在這裡禪修，盡量地吃吧！」

有一位剛開始修行的弟子，拜訪一位禪師，問他修行的方法。禪師問道：「你知道怎麼吃嗎？」

弟子回答：「當然！事實上，我剛剛吃得很飽。」

禪師又問：「你知道怎麼睡嗎？」

「連嬰兒都知道怎麼睡！」弟子答道：「我已睡掉了大半的人生。我睡太多了，而修行得不夠。」

禪師再問：「除了吃和睡之外，你還喜歡什麼樣的修行法門？」

弟子開始擔心地說：「您別開玩笑了！我當然知道怎麼吃和睡，現在我只想知道要怎麼修行？」

禪師說道：「你並不知道什麼是真正的吃和睡！」這弟子開始和禪師爭論，說他已經吃吃睡睡一輩子了。禪師接著說：「一般人在吃的時候，並不真的知道自己在做什麼，他們是以散亂心在吃；一般人睡的時候，也不是真的在睡，他們大部分的時間是迷失在夢中。」

這位禪師告訴弟子，吃的時候，就應該一心一意地吃，全神貫注地吃，不要有其他念頭。睡覺也是一樣，睡的時候，應該只是睡，一心一意、全神貫注，每一個當下都是修行的機會。

禪修期間，應該完全專注在任何自己所做的事情上，心中沒有其他念頭。這是否表示你在吃、睡或上廁所時就是禪？那就要看你是否有雜念？假如心不夠專注，就不是禪。假如心不夠清明，就不是正確的修行。無論如何，對一位真正的修行人來說，任何事都是禪。

當你在清理房間時，如果心是放在拿著抹布的手上，而不是別的地方，這就是在修行。那麼，為什麼我們強調坐禪，而不是吃、睡或工作禪呢？因為坐禪有益於達到「一心」，而日常生活中例行的活動，很容易讓人流於機械性的動作中。我們常常會忘記自己是在吃飯或睡覺，並且迷失在妄念當中。

禪中心的一位學員最近帶來一部動畫，內容是關於禪堂中有一張真人大小的紙板，上面畫的是一位正在打坐的禪師，紙板旁邊，他的弟子們也在打坐。不過，真正的禪師卻躲在紙板後面睡覺。但是在整個禪堂中，只有那位一心睡覺的禪師進入了禪門，而不是正在打坐的弟子們。

有個禪宗的老故事，是關於一對同門師兄弟一起走在行腳參訪的路上。每當他們停下來，師弟就馬上放下行李，開始打坐，但是師兄放下行李後，卻躺下來睡覺。師弟對師兄感到愈來愈氣惱，最後他終於忍不住了，威脅要離開。師兄問他為什麼，他說：「我們歷盡了千辛萬苦，好不容易出家當比丘。時間是有限的，我們應該善用每一分鐘才對，但是你卻睡掉了你的生命！」

師兄揉揉他的眼睛，說：「睡覺有什麼不好？」

師弟回答：「我們應該要努力修行，而正確的修行，就是打坐。」

師兄於是拿起了〈證道歌〉，讀誦我正在解釋的這段偈子給師弟聽。

師弟說：「可能你已經到了連睡覺也能修行的境界，但我還沒有達到那種程度，這對我來說不管用。」

師兄問：「為什麼不管用？」

師弟說：「我的心還沒有定下來。」

師兄又問：「那你的心要定在哪裡？」

師弟聽到後，一顆心頓時變得清明而洞澈。他曾經強迫自己讓心安定下來，但是他所花費的精力，反而讓自己更緊張。師兄的話讓他了解，自己的努力都用錯地方了，這樣的努力不能讓心安定，反而更加擾亂他的心。他決定不再強迫自己，心就自然而然地安定下來，變得清晰而澄澈了。

若是某項特別的活動能安定你的心，讓心不動的話，那很好。如果你的心在各種活動和情況中，都能夠寂靜不動，那才是真正的安定。在這樣的心境下，如果有人手拿一把尖刀靠近你，想要殺你，你會如何反應？你會知道有人拿把刀靠近你，但是不會害怕。真正安定的心，不會有害怕的感覺，因為這樣的心中，沒有一個能夠被殺掉的「自我」或是「人」的念頭。

假如我拿把刀去切水，你會害怕嗎？若你已進入了禪門，有人拿刀攻擊你，就像拿刀切水一樣，並不會擾亂你的心。如果在生死關頭會害怕，那麼顯然你還沒有進入禪門。

第四天：不執著是真智慧

我師得見然燈佛，多劫曾為忍辱仙。
幾迴生，幾迴死，生死悠悠無定止。

自從頓悟了無生，於諸榮辱何憂喜。

偈頌第一句所提到的「我師」，指的是釋迦牟尼佛，他在無量劫以前遇見然燈古佛。在釋迦牟尼成佛之前，他已經有無數世生為菩薩了。他屢屢被殺死，有時候甚至是以極為殘酷的方式。有一世，人們虐待他，一刀一刀地把他的肉割下來，甚至他在獲得正等正覺之後，身體還會生病。然而，在這些前世中，他從未感到恐懼。密勒日巴也有生病和被下毒的經驗。雖然佛陀和密勒日巴都有受苦的經驗，但是他們的心中從不害怕。有無數的聖人和賢者，雖然遭受可怕的迫害和疾病，但他們從未感覺自己是在受苦。像這樣的人已經真正地體解禪，以佛教的用語來說，他們已經達到了無生法忍的境界。

就像我之前說過的「處處是禪，事事是禪」，如果有人真正了悟一切法是無生的，就會體驗到這一點。禪法被稱為頓悟法，是因為它能讓你瞬間覺悟到諸法是無生的。然而，這樣的體驗可能只是短暫的靈光乍現，過了一段時間之後，這樣的感覺會褪去，留下來的只剩破碎的回憶。

我告訴已經有過一點禪的體驗的人：「你或許認為自己現在已經自由，獲得解脫，但是你錯了。事實上，你的修行才剛要開始，現在說自己已經解脫還太早了。」許多到達第一階段的禪修者，會希望趕快有第二次的體驗；在得到第二次的體驗之前，他已經在觀望第三種層次了。有這種態度的人可能修行了許多年，卻覺得沒有任何進步。他們或許會放棄，而且說：「修行真是永無止境！我無法達成什麼目標，我不會再進步了！」

通常，問題在於這樣的人會增長自滿，在有了第一次的體驗後，就停止奮發用功。當然，假如他抱持這樣的態度，就不會再進步。除了自滿之外，許多其他障礙可能還會漸漸地在修行中產生。以前在禪修時有過任何體驗的人，現在應該把它忘掉，完完全全地忘記。惦記著這些體驗，且試圖想要讓它再度重現，會成為很嚴重的障礙。

不要期待太多。釋迦牟尼佛在最後成佛之前，修行了許多世、許多劫。你真的期待在體驗了第一階段之後，無須努力或沒有阻礙，順利地經過第二、第三階段，最後直接大悟徹底嗎？你計畫花一個月的時間，放下所有的事情，等到證得佛果之後，再做其他的事嗎？如果你真的這樣來評估證悟這件事，無論是對釋迦牟尼佛或是對你自己，都不太公平。我們不應該期待速成的結果，而應該只是修行。

把修行當成目標，接受它是一種責任和需要，就像吃和睡。不要為了獲得什麼而修行，也不要認為在禪修中，或是在這一生中的修行，就會將你變成佛陀。我們還只是在地上爬、吃葉子的毛毛蟲，不要以為能在一夜之間成為蝴蝶。

入深山，住蘭若，岑崟幽邃長松下。
優游靜坐野僧家，闃寂安居實瀟灑。

雖然歷代的禪宗祖師都說，禪的修行離不開平常的日常生活，不過永嘉禪師指出，還是要有一段時間遠離社會，專心修行。當獨自修行的階段完成後，禪者就可以回到社會和人群中，過著普通的日常生活。

在唐朝和宋朝，禪修盛行的地方是在山上，而不是在城市中。四祖道信和五祖弘忍都住在黃梅山上。六祖惠能先去東山拜訪弘忍，然後來到南方的廣東省。皇帝曾邀請惠能前往首都，但是被他拒絕，因為他寧願待在曹谿山上。當時，大部分的修行人都會待在山上，或是待在安靜、人煙稀少的地方修行。

雖說到處都可以習禪，甚至是在大街上，但這其實只適用於少數對禪有較深體悟的人。這些人可以在任何環境下修行，大都會中繁忙的步調並不會影響他的修行，但這樣的人畢竟是少數。對初學者而言，要在紐約的街道上修行，可不是件容易的事。

當我們初次在皇后區舉辦禪修的時候，晚餐過後學員會到戶外練習慢步經行。鄰居們不喜歡那些看起來好像恍惚的人在附近走來走去。有一次禪期，一位學員還躺在別人家的草地上，人們認為他瘋了，並且想知道禪修中心裡發生了什麼事，甚至威脅要報警。在街上修行，就會發生這種事，大家會把你當瘋子看。當然，如果我們的禪中心是在紐約市中心，譬如說時報廣場，那就不用擔心了。因為在那裡，不論發生什麼事，都不會有人在乎。

在山上修行是指獨自生活，沒有物質和情感上的依賴。在山上修行時，禪者並不是住在茅屋裡，他會睡在洞穴或是大樹底下。偉大的禪宗詩人寒山大師就是這樣生活的。禪者最多只會用茅草蓋一個原始的斜頂來遮風避雨，而且裡面也維持得很簡單。因為一般來說，他們只會在這裡住上幾天，然後就會換地方。之所以這樣做，是因為他們了解到即使只有幾天的時間，心理上還是非常容易對住處產生像家一樣的執著。家和日常生活很容易讓人產生執著和責任感，沒有了家，就能從渴望舒服和安定的焦慮中解放出來。

不只是人類有保護自我領域的本能，鳥和狗也是一樣。當鳥在築巢時，會驅散所有的入侵者，狗也會保護牠們自己的地盤，攻擊經過的陌生者。我們就像鳥和狗一樣，保護著自己小小的家。在山上的禪修者一定要很小心，不要讓那有著茅草斜頂的地方變成自己的家。

然而，如果你不會對家產生執著，就不用住在深山裡了。廣欽老和尚生前住在一間很大的寺裡，有人問他：「廣欽老和尚，為什麼您有一個這麼大的地方？您是否擔心將來有誰會照顧它呢？」廣欽老和尚說：「這不是我的地方，它屬於前來這裡、住在這裡的人。我從來都不擔心它。」

那麼，這個禪中心是屬於誰的呢？大家都說是我的地方，但我不這麼認為。這座禪中心不是我的，這身上的袍子不是我的，甚至這身體也不是我的。現在，我的身體是你們的，不是我的。

雖然沒有一個地方是你的家，也就是說沒有一個地方不是你的家。假如有人對你說：「回家！」要記得，你已經在家，而且一直都在家。基於這個理由，無論你在一個地方只有一個小時或是一輩子，你都應該尊重那個地方，讓它保持整潔、乾淨。獨自住在山上的禪者，對待每個地方都像對待自己的家一樣。如果大家都有這樣的態度，這個世界會變得更美好。

中文的「家」是個象形字，上面是屋頂，下面是豕（豬）。換句話說，家是你不用離開去找，就會有食物的地方。但是，有家就有個問題——一定要有人照顧。在中國古代，男人負責家裡的經濟，所以需要家裡有人幫他照顧豬隻。因此，中文裡的「安」，就是屋頂下有一個女人。一個男人有家、有配偶、有食物，才會感到安全和安心。你的家在哪裡？你覺得安全嗎？

大部分的人只有待在家裡時才會覺得安全，但是真正的禪修者有無數個家。無論他在哪裡休息，哪裡就是他的家，因為不論在哪裡，他都能夠覺得安定和安全。不管他去哪裡，都能完全自主，不必擔心要在哪裡洗澡、休息或吃飯。在山上有各種食物——野果、野菜、根莖類、堅果等。既然到處都有食物，他就不需要忙著去種植或保護食物。你們現在不在家裡，也不是一個人在山上，而是很舒服地住在禪中心。你們頭上有屋頂，有熱水可以洗澡，還有各種食物。所以，在這七天之中，你們應該把這裡當成家。

初學者不應該有太天真的想法，想要一個人跑去山上修行，因為會遇到很多的危險。假如你不知道什麼樣的植物可以吃或者可以製成藥，可能就會挨餓或中毒。假如你不習慣在戶外生活，就可能無法適應天氣或季節的變化。在中國，大部分的禪修者會在南方修行，因為南方的冬天不會太冷。臺灣是位於中國東南方的島嶼，只有在最高的山頂上才會下雪。所以，臺灣的山區是修行的好地方。

不過，偉大的禪修者不會擔心天氣，他們只管修行。密勒日巴住在氣候條件很嚴苛的環境之中，但是他甘之如飴。偉大的禪修者因為沒有執著，所以很快樂而滿足。他是自己的主人，因為他體悟了「無我」。在所有的情況下，他都可以是主人，因為沒有任何東西屬於他，也因為這樣的態度，所有的東西都是他的。

覺即了，不施功，一切有為法不同。

住相布施生天福，猶如仰箭射虛空。

修行有兩種：修慧或修觀，以及修福。一般人以為，修慧就是累積世俗的知識，例如讀書和拓展生活經驗；修福就是布施、捐獻，或是幫助別人。

一個人在努力獲得世俗的知識以後，可能會很驕傲地認為：「我有了高深的學問和智慧。」許多人做了慈善工作之後，也會變得傲慢，認為自己對人類有很大的貢獻。就像是他們走進餐廳，請大家吃飯、喝酒，留下很多小費，然後在眾人的感謝聲中，大搖大擺地走出餐廳。

在許多國家，如果有人捐贈大量的金錢給公益團體或宗教團體，通常會要求把他們的名字和善行刻在碑銘上，好讓大家都看得到。當然，如果連相片也附上的話，就更理想了。臺灣有一所非常有名的大寺院，寺裡有許多建築物。寺院的住持非常了解人們的心理，多年來，人們捐錢給寺院，住持就把他們的名字刻在寺院的牆上，但是他留下大門兩側最明顯的兩面牆。於是，人們便經常問他，需要捐多少錢，才能把自己的名字刻在這兩個地方？

最後，有人跟住持說：「我很有錢，讓我擁有一面牆吧！我甚至不需要這整面牆，只要把我的名字放在最高的位置，下面的空間還可以讓其他人把名字也放上去。假如你願意這樣做，我就會捐很多錢給寺院。」如今這兩面牆也都已經填滿了。這位住持覺得這些人平常是不會為了宗教理由而捐錢的。他們願意把錢拿出來，是為了要換取名譽，讓世人知道他們的善行。

認真的禪修者不會表現出這樣的態度。即使他擁有高深的智慧和洞察力，但他也不會因此而受到影響，畢竟這只是智慧和洞察力。他專注於現在去幫助和利益眾生，不會執著曾經做過的行為。

當你想送一份禮物，要全心全意地給予，一旦送出去了，就要忘記這件事。佛陀讓許多人獲得解脫，但是他不這麼想。對佛陀而言，是眾生自己在拯救自己。但是我們的觀點不一樣，我們認為佛陀在世時拯救眾生，現在也還在拯救眾生，因為如果沒有佛陀，佛法就不會在這個世界上流傳。

許多慈善家做了許多很好的事，但是如果背後的動機是為了節稅，那麼這種行為仍是出自利己主義。假如你想送東西給別人，應該無條件地給予，然後放下，忘記你所給予過的。假如你奉獻的動機是為了求福報，那麼就不是無條件的奉獻。

勢力盡，箭還墜，招得來生不如意。

爭似無為實相門，一超直入如來地。

真正的修行人不會執著於自己行為的成果。他在布施後會放下，不去想回報。這並不是說他沒有思考，很草率地做這件事，他是當下反應，如法去做，他不會對這項作為或是成果有所執著。

基督教相信天堂是永恆的，一旦你進入了，就永遠不會離開。根據佛法，天堂還是會受到時間的影響而變化。你可能因為布施的功德和善行而上天堂，但這只是另一種有限的生命型態。雖然在天堂的壽命可能長達幾百萬年、幾億年，但是最終還是會死，然後再回到人界，甚至是非人界。

如果你能在一切情況下做任何事都沒有執著、目的或動機，就是了解了現象的真實本質。無執著而做，在中文稱為「無為」，字面的意思是「沒有作為」。這並不是說什麼都不做，或是麻痺、懶惰。「無為」是指不為自己、不具有隱藏的動機，或不是經過仔細算計後所做的行為。「無為」是無所為而為，不是源於自我中心。如果你能以這種無執著、無權衡或無動機的態度而為，那麼你就真正進入了禪門。

如果你有正確的態度，或是具有真正禪的精神，就會對你目前所做的事全神貫注，而且會盡其所能地去做。我建議你要養成這樣的態度，不要想過去，也不要想未來，就只專注於現在。

從我們的觀點來看，佛陀一定具有無限的智慧與功德，才能解救無量無邊的眾生。事實上，佛陀沒有智慧，也沒有要獲得善行或護佑的功德。假如他執著智慧和功德，那他就不是佛陀了。是我們說佛陀有智慧，不是佛陀自己說的。

當有人做錯事時，你或許會想：「好蠢！這個人真沒智慧。」你看見一隻蒼蠅想要飛出去，結果撞上窗戶的玻璃。你把窗戶打開，而蒼蠅仍然只是來來回回地飛。你會想：「真笨！」假如佛陀有智慧，他會怎麼看待眾生的愚癡呢？你想佛陀會說「真是隻笨蒼蠅」嗎？跟佛陀相比，所有的東西都是愚蠢的，但那只是我們的觀點。同樣地，佛陀並不會覺得自己有智慧。智慧是因為無明才存在，在證悟的境界裡，是沒有任何差別的。

佛陀沒有智慧、沒有洞察力，也沒有累積的功德，這些觀念對佛陀而言都不存在。假如你想要獲得智慧和累積功德以成就佛果，就是在執行一項不可能的任務。

偉大的禪宗詩人寒山大師，因為住在「寒山」而得名。他身無長物，連褲子都沒有，但是他卻覺得沒有一樣東西不是他的。假如他跑到皇帝面前，跟皇帝說：「天下所有一切都是我的。」他可能會因忤逆而被殺頭。但是假如皇帝向寒山大師說：「全天下都是我的。」寒山大師可能會回答：「對！你說得對！」寒山大師不會渴望任何事，他甚至不會關心自己的身體。他是完全自由的，沒有任何執著。因此，他沒有自我設限。沒有了自我設限，他所居住的山頭、整個中國，甚至連宇宙全部都是他的。

我說佛陀沒有智慧，你或許會想，那麼他有慈悲。假如有慈悲，就會有「眾生」的概念。假如佛陀還有「眾生」的概念，那他還是有分別，也就不是佛陀了。我們說佛陀有慈悲心，但是對他而言，他沒有。假如我們覺得自己是慈悲的，那我們就不是佛陀。

在某一次禪修結束後，有一位學員跟我說：「我覺得自己是世界之母。」

我回答：「這只是幻覺，是煩惱心，不是智慧。」我不是說你應該要冷漠和疏離。對別人抱持慈悲心是好的，事實上，慈悲心的養成是禪門訓練的一個重要面向。我也不是說隱藏動機而行布施是邪惡的。假如動機是好的，那麼他們的作為就有功德。在修行的初期，一般人可能會有強烈的慈悲感，但是有些人變得執著於這些感覺。真正的禪者身上，是找不到這種狂熱本質的。

另一方面，禪不是鼓吹虛無主義。禪者不會說：「我什麼事也不做。」禪者會以一顆積極和殷切的心，去做每一件他認為當下應該要做的事，但是不會以狂熱的心去做。

那麼，什麼是正確的修行態度？你要自己去發現！假如你很狂熱地修禪——不停地修！修！修！就像要去革命一樣，那麼你一定是弄錯了，那不是正確的禪。

第五天：精進修行無可取代

但得本，莫愁末，如淨琉璃含寶月。
既能解此如意珠，自利利他終不竭。

大部分的人知道，努力修行會對此生帶來極大的利益，但是卻不願意花費所需的時間和辛苦，來獲得與累積這樣的利益。一般人可能會羨慕有錢人，希望自己也能擁有財富，但是他可曾想過，有錢人是如何辛苦賺錢的？如果他知道，就會發現想賺幾百萬，需要花費許多的時間、精力和毅力。

從前有個很虔誠、仁慈和慷慨的婦女，可是她家裡很窮。有位天神深受感動，便出現在她的面前說：「妳想要什麼，我可以滿足妳的願望。」

這位貧窮的婦女回答：「我想要黃金。」

天神就將手指指向一顆石頭，然後轟一聲，石頭就變成了黃金。天神又問：「妳還想要什麼嗎？」

婦女想了一下，然後回答道：「我真正想要的，是你的手指。」

接著，天神消失了，黃金又變回石頭，這名婦女喪失了一次非常好的機會。更糟糕的是，她並不了解天神為何要這樣做。即使天神真的給她手指，也沒有用。天神把石頭變成黃金的能力，是來自於他的修行，而不是手指。

有一次，我在演講快要結束時，問在場的聽眾：「我應該停下來，還是繼續講？」

其中一位學員說：「我不想再聽了！其實我最想做的，是把你帶回家，這樣你就是我的了。」假如我同意他的願望呢？結果我只是在他家吃、睡和讀書，這樣他會受益嗎？

我們每個人都有點石成金的手指，但是我們必須修行才能發掘並學習這種能力。問題是大部分的人都不想花那麼長的時間，或是那麼辛苦地修行。即使你能獲得天神的手指，你所得到的只會是一塊死肉，對你而言根本沒有用。就像把我當成你的私人家教，比不上讓你自己變成禪師。

你必須在智慧的基礎上將它顯露出來。假如你增長出智慧，就不用擔心任何事，因為所有的一切都來自智慧。

如果你只重視膚淺的現象和結果，就不會進步。你一定要去發掘這些現象的基礎、根本和原因。假如你為了獲得神通，或為了要開悟而修行，你的努力一定會白費。假如你緊抓著老師，心想：「這個人有大智慧，或許這樣我能沾到一點他的智慧。」那只是在愚弄自己，你一定要修行。

假設你跟朋友相約去爬山，但是當天你睡過頭，所以他就自己先走了，接著你會怎麼做？你或許會想：「現在太晚了！」然後又繼續睡；或者你會想：

「我已經決定今天要去爬山，就應該要去！遲到總比沒去好。假如我現在出發，也許可以趕上他。」或者，你在上山的路上，正好遇到朋友下山，然後他告訴你說，山頂上沒什麼好看的，這時你還會繼續往上爬嗎？

成佛之道是一條孤獨的爬坡路，但是在你獲得佛果後，會有無數的眾生圍繞著你，他們希望獲得你的幫助、慈悲和智慧。既然你是佛，自然會幫助每個人。做為一個凡夫，你有肉身和有限的能力，只能跟少數人聯絡、做朋友，而在這些人當中，你能幫助的人更少。大部分的時間，你是自己一個人，只做你想做的事。但佛陀的力量是無限的，有無量的眾生尋求幫助。假如你知道成佛後是像這樣，為什麼你還想要這份工作？從我們凡夫的觀點來看，成佛聽起來滿可怕的。但是佛不會這樣認為，因為他不會意識到他在幫助任何人。對佛而言，沒有佛或眾生這樣的東西。

一般人可以跟他的配偶離婚，但佛不能跟眾生分離。這是矛盾的——成佛之道是單獨而孤單的，一旦成佛後，你就不會再獨處了。任何時間、任何地方的眾生，都會希求你的幫助和護佑。

有一次，我一個人走在東京夜晚的街上。我原本走在窄小的巷道裡，到處都是人，等我轉往一條大街上時，我沒有看見任何人。我想可能是因為這條大街不好走的緣故，所以我也轉回到小巷內。

大部分的人會在外道中閒逛，追隨外道的教法，就像我轉回到小巷裡一樣。佛法是一條寬廣的高速公路，但是相較之下，很少有人走。對眾生而言，你習慣走在小巷裡，因為每個人都這麼做。處在人群之中，你是安逸的，而在寬敞的道路上，卻看不到太多人，並且當你接近目的地——佛果的時候，你只有獨自一人。沒有朋友會幫助你，也沒有敵人可以妨礙你，這是一條孤獨的成佛之道。

有位學生問我，十方諸佛會不會召開「佛陀世界會議」？我說：「假如諸佛是孤單、而且無事可做的話，我想他們會召開會議。」這當然是玩笑話。事實上，諸佛並沒有無事可做的概念，而且也從不孤單，所以他們不用開會。「十方諸佛」是個讓人容易記憶的方便用語，事實上，每尊佛都存在於所有的空間和時間裡。既然諸佛遍及於一切時空中，也就不能指出他們是在任何特定的時間或地點裡。

佛陀的智慧和福德是無限的，而且他可以同時在不同的地方、時間，變化成無數的化身，因此可以幫助所有的眾生。任何時間、任何地點，如果一個人與佛陀有緣——也就是說，假如一個人能隨順佛法過生活，就能從佛陀那裡得到利益，而且他是不可能從另一個人的身上，獲得比這更多的利益了。這種情形不同於孩子繼承父母的財產。假如父母把財產均分為三份，但是卻有四個小孩，那麼就會有一個小孩得不到。佛陀的智慧是無限的，而且不會有分別心，好比父母把財產分為四份，讓每個小孩都能得到財產。

了悟你的本性就像獲得摩尼寶珠一樣，這無窮盡的寶藏可以讓你幫助自己和他人。我們都擁有摩尼寶珠，但是只有少數人把它發掘出來；我們也都是未來佛，可是只有少數人能體悟本性。我們一定要修行，並且接受佛法平等的指導，但就是有些人能夠比別人更有收穫。佛以一種音聲，對所有世界的眾生講述全部的佛法，但是每個眾生對這音聲的理解都不一樣，有些人甚至什麼也沒聽到。

江月照，松風吹，永夜清宵何所為。
佛性戒珠心地印，霧露雲霞體上衣。

禪者幫助眾生，是因為眾生需要幫助。在幫助眾生的時候，禪者並不會失去任何東西，而且也不會特別去做什麼事，就像月亮被映照在水面上時，不會失去什麼，也不會特別做些什麼。禪者會幫助自己和他人，也會利益自己和他人，然而他不會因為想要獲得好處而去做。

風吹動樹枝和樹葉，只因為樹擋住了風的去路。風並沒有想要吹動樹的意思，也不需要這麼做來增加光彩，它只是單純地吹而已。同樣地，真正的禪者在幫助眾生時，也沒有私人的動機。他只是因為別人需要而單純地給予幫助。

「清風」、「明月」，指的是禪者的智慧。這種智慧對眾生而言是有所利益的，但是禪者並不覺得他做了些什麼，就像風和月亮不覺得自己是在吹拂和照耀。

禪者只對發掘佛性和戒珠有興趣，而這些都封印在他的心地中。佛性指的是內心沒有煩惱，戒珠指的是不造作惡業的行為，佛性和戒珠都是佛果的不同面向。禪者只關心這兩項，其他所有的東西和行為都只是表象，跟一個人的心地本質一點關係也沒有。

光是了悟心的本性（佛性）是不夠的，清淨的行為也很重要。沒有了清淨的行為，禪者會對他的佛性產生懷疑。一位禪師如果認為他已經達到清淨佛心的境界，而且認為戒律沒有用，然後做出不良的行為，那肯定會有問題。一個想法偏離真正禪法的修行者，是被魔障所迷惑了。

一個人能夠不留餘地地修行，最終就能了悟他的真實本性，從這樣的修行而衍生出來的利益，是無限的。雖然他幫助自己和別人，但是不會執著任何事。他是一位行為清淨的人，也是個顯露佛性的人。

我所描述的是相當高的層次，不是每個人都能達到。最終你會看到自己的本性，智慧將會顯露出來，但是現在，修行是非常重要的基礎。你們之中有些人不願意辛苦用功，也許就是那種羨慕有錢人，卻不會想到人家是如何辛苦賺錢的人。假如有錢人告訴你，他是如何達到他的地位，你會不會跟隨他的路走？在聽完他的故事後，你或許會放棄追求財富，只剩下羨慕的心情，因為這樣比較容易。對你的修行而言，在你努力趨向目標時，不要因為看到有人遠在你的前面而感到挫折，不要想：「反正修行又不是為了我。」記住！有些人修行得比其他人快，有些人則是開始得比較早。

就像爬山，你可能希望有一架直升機直接載你到山頂上，這是很愉快的幻想。但是我問你，要如何弄到一架直升機？那也需要想辦法去找！就算真的能搭直升機直達山頂，你的體驗也會跟靠自己的力量走到山頂的人完全不同。當你聽到那個人的體驗時，就會了解你錯過了多少景色，然後你或許會決定要再走一次，而這次要自己走。

阿羅漢就像是搭直升機到山頂的人，他們超越了生死，但是他們的智慧和福德是有限的。他們必須要一步一步爬上山頂，才能獲得佛果。同樣的真理，也適用在你的修行上，精進修行是無可取代的。

第六天：降伏欲望

降龍鉢，解虎錫，兩鈷金環鳴歷歷。
不是標形虛事持，如來寶杖親蹤跡。

這段偈頌看起來好像謎語，不過它的意思倒不是那麼難以了解。它是在描述一位開悟者和其他人的互動。比丘對日常生活的需求不多，而且很簡單，他帶著缽以便乞食，還拿著一根提供數種功能的錫杖：它可以是走路時的枴杖，也可以放在肩上挑重物，過河時，還可以是測量水深的工具——若是錫杖碰不到底，就知道從那個地方很難渡河；還有，錫杖也可以當作走在山上或森林中，驅趕動物和毒蟲的工具。

錫杖的頂部，通常會懸著一些圈鈷，這裡提到了兩個圈鈷。我在禪修小參時所用的短杖，有六個圈鈷。行腳的比丘接近房子時，會搖晃錫杖，振動圈鈷，讓大家知道有位托缽的比丘正要經過。

在這段偈頌中，缽和錫杖有它特殊的象徵意義，就像龍和虎一樣，代表了降伏和馴服。首先，龍和虎是象徵禪者自己。一般凡夫都充滿了剛強的精力、欲望、野心和執著，如果禪者只擁有錫杖和缽，他就達到了少欲知足的階段，凶猛的野心已經被馴服了。降龍、解虎指的是克服我們每個人內心對於權力的執著。擁有缽和錫杖的禪者，已經放下對權力和財富的渴望，也放下了他的家人和朋友。

其次，降龍、解虎也指禪者降伏最有權勢的人、鬼、神的能力。為了具備這樣的能力，他必須放棄一切。假如他仍然有所依賴或擁有什麼，那就無法降伏和馴服任何東西。相反地，他會被自己所依賴的事物降伏。國王可能降伏他的臣民，但依賴的是他的權力和軍隊，所以事實上，國王是被他的權力所降伏。只有不依賴任何事物的人，才能降伏一切。

在中國歷史上，曾經有過許多次，皇帝派人到某位和尚那裡，對他說：「來見我吧！」

有時候，和尚會簡單地回答：「不！」

這時皇帝可能會進一步威脅說：「假如你不來的話，我就要砍掉你的頭。」

和尚就會冷靜地回答道：「我的頭在這裡，我的脖子在等著。假如你高興，那就砍吧！」

最後，往往是皇帝很尊敬地親自來拜訪這位和尚。

禪者的形象，是過著很簡單的生活，只擁有缽和錫杖，這樣可以喚醒沉溺於權力和物質財富中的人。假如簡單生活的形象，能夠穿透人們複雜生活的厚重外殼，人們或許會了解，自己所擁有的東西只是暫時的，也許就會選擇改變自己的外在，效法比丘或禪者過清淨、簡單的生活。

這與出家人的地位，對人們來說是否比較有權勢無關，佛教的文化是對出家人極為尊敬。在任何聚會中，會讓由出家人所組成的僧團坐在最顯著的座位，這種傳統甚至一直延續到現在。一般而言，大家都了解，雖然比丘、比丘尼沒有社會上的地位，但卻擁有人們最高的尊敬。

這樣的傳統來自印度，因為印度人對沙門、婆羅門和修行者極為尊敬。在中國，人們對比丘、比丘尼的態度，取決於國家對佛教的看法。依當權者的不同規定，僧團有時被高度尊重，有時則被視為糞土。不相信佛教的人，不會尊重佛教的比丘、比丘尼，而接受佛法的人，就會很尊敬他們。

在偈頌中，出家的修行人不需要說法或弘揚佛法，僅僅是比丘、比丘尼完全奉獻的示現，就足以讓人對佛法生起尊敬心。出家的修行人代表佛陀，大家應該要有這樣的想法。在這次禪修中，每天早上和晚上，你們都會向我頂禮，我希望你能了解，你不是向我這個人頂禮，我不想要這種榮譽和尊敬；不論你是向我頂禮，還是不理我，我都無所謂，事實上你是在頂禮我所代表的三寶——佛、法、僧。

不求真，不斷妄，了知二法空無相。

無相無空無不空，即是如來真實相。

前一段偈頌是在描述比丘或比丘尼外在的呈現，這一段則是描述禪修者內在的態度——既不追求也不抗拒。

如果你追求開悟，就不會開悟。你愈想要達成佛果，就離佛果愈遠。在禪坐時，假如對妄念抱持對抗的態度，就會像是對更多的妄念打開大門一樣。當你修行時，應該抱持不追求、不抗拒的態度。

直到你體驗了真正的禪，仍然還是需要打坐。禪坐時，如果你能時時覺知方法，而且每當妄念現前時，知道要回到方法上，那就夠了。不要去想開悟，不要抗拒妄念，對妄念感到厭惡只會讓你身心緊張，只要持守住方法。這是禪修者最好的態度，每件事都是佛性的圓滿呈現，為什麼要對它們感到厭惡呢？

第七天：誤把一心當無心

心鏡明，鑒無礙，廓然瑩徹周沙界。
萬象森羅影現中，一顆圓光非內外。

這段頌偈是在說禪的「無心」境界。假如你仍然感覺有內外，那就不是禪；如果你感覺一切都在你的心裡，那也不是禪。心不動時，會顯得好像是「無心」，但事實上並非如此。當心不動時，它仍然專注在一個念頭上，所以將不動的心稱為「一心」，比較正確。

只剩下一個念頭時，心的變動就會不明顯，這即是「一心」的狀態。在「無心」的境界中，是沒有分別的——沒有內外、沒有遠近、沒有好壞。在「無心」狀態裡的人能覺知現象（法），但不會執著現象。假如他沒有覺知到自己是在「無心」的狀態，那他就是個傻瓜。

「無心」是智慧，「一心」則不是。同樣地，低層次的「定」並不等於智慧。在定中的人，或許會覺得自己已經沒有分別，然而事實上，他並未察覺到有穩定相續的微細分別心。在最淺的定——初禪裡，我們可以體驗到一剎那中有十二次分別心。一剎那相當於一彈指時間的六十分之一。在同樣的時間裡，一般人的心中大約生起過六十個分別心。

只有經歷過深定的人，才能分辨別人是否在定中，也才能分辨定境的深淺程度。定的修行是漸進的，禪修者一定要先進入最淺的定境，然後透過修行，逐漸加深定境。定境加深之後，就能觀察到自己在前一個層次裡生起分別心的次數與頻率。一位在淺定裡的人無法觀察到自己當下的境界，他或許會以為自己到達了「無心」的境界，但是他被騙了。

在這段偈頌中，心被比喻為鏡子。心上無事時，心的作用就像鏡子，清楚地映照每一件事物。假如心中有事，就無法清淨地起作用，就像不乾淨的鏡子無法清楚反映影像一樣。清淨的心只是單純地反映，無所謂外在是些什麼東西，當事物來到鏡子前面時，它就只是反映，沒有別的。

佛陀的心或是開悟者的心能涵容一切，然而心中卻什麼也不留下。任何留在心中的事，就像是鏡上的汙點，讓鏡子無法清楚地反映。沒有任何東西存在於心外，由於心的存在，才會產生一切，並使得一切似乎都存在，就像光是因為反映在物體上才會被察覺。

假如一個人的心真正純淨，那他的心就是寂靜的，而且同時在作用。這樣的心不再因為分別而動搖，它由智慧所運作。一顆純淨的心會映照，或是與所遇到的任何眾生互動，然而它不會特別去做任何事。

當心真正清淨時，就沒有內或外。如果其中一邊存在，就表示兩邊都存在。事物無法獨立存在於內或外的某一邊。有了內與外，就會有分別與障礙。只有當心沒有內外之分時，它才能像明鏡一樣地映照。這時候，心是透過智慧來運作，不會故意只做這件事而不做另一件，也不會只幫助某一位眾生，而不幫助其他眾生。

智慧心不存在於某個特定的空間，而是遍及於空間中；它也不存在於現在這一刻，而是遍及於時間裡，智慧心超越時間與空間，沒有任何界限與範圍。無論是否和這面心鏡有緣，每個人都會被它映照出來，有緣的人會認出自己的映像，沒有緣的人則認不出來。沒有一位眾生能夠站在心鏡的外面，只是有些人能清楚地看見自己的映像，有些人則否。

有位弟子問我：「達到佛果的目的是什麼？既然已經有無量諸佛存在，為什麼我們還沒有從輪迴中解脫？」

我說：「問題不在於諸佛。諸佛提供幫助，但問題是我們認不出來，以致於接收不到。」

你與心鏡愈有緣，愈能清楚看到你映照在上面的映像，也就能夠幫助自己。那些與心鏡緣分還很弱的人，可能不會認出自己所見到的。然而，無論清楚還是模糊，所有看見自己映像的人，都能從佛法中受益。

禪修中的學員或許能夠讓自己的心專注於一點上，甚至能夠進入淺定，但這和見性不同。不過，這初步的經驗很重要，也有所幫助，這些都是修行的良好基礎。最終它會引導你體驗你的本性，或是進入更深的禪定。

擁有清淨心就是開悟。開悟者透過智慧來利益別人，你或許不了解他的目的和意義，但他的行為不可能是不好的。一個有過粗淺見性體驗或是徹悟的人，不會受到世俗欲望的影響，這樣的人不會被迷惑一般人的問題所困擾。已見性的人可能也會有同樣的經驗，但是既不深刻也不持久。換句話說，初次見性的人是首度見到了自己最終將要達成的目標。雖然距離目標還很遠，但是一旦見到之後，他的行為舉止就不會有太多的問題。

對於第一次見性的人，有這麼一說：「當他（已見性者）耕田的時候，地上的動物、昆蟲都會自動遠離鋤頭。」這樣的人連意外殺生的可能性都沒有。同樣地，見性之人只要持續修行的力量，就不會造惡業。

要如何才能達到這種層次？假如你一直想開悟，這樣的想法就會像號角一樣，在你的腦海中不斷地吹響，而且導致很大的煩惱。假如你拚命想要達成什麼，這樣的想法會成為你的阻礙。重點不在於打坐技巧，也不在於你想要的成就，而是在於你的修行態度，也就是你對佛法的觀念。

假如欲望是你修行的動機，它就會變成你修行的成果。例如你以性欲做為修行的動機，那麼你就會變成強而有力的性愛機器。同樣地，以瞋恨心做為修行動機的人，不需要用槍或刀才能殺人，心的力量將會成為他的武器。無論是走在哪一條精神修行的道路上，動機是最重要的，必須要虔誠而純正。假如動機不純正，那麼心就不純正。修行者的心不純正，是不可能證悟、見性，甚至入深定，自然他的行為也不值得效法。所以，想清楚你為什麼要修習佛法。

許多修行人都說自己是佛教徒，但事實上，他們已經遠離佛法，有少數老師的行為是有問題的。當然，如果他們的行為是不道德動機的結果，那麼他們就不是真正的禪師。然而，你們不應該拿自己的問題去怪這些老師。看看自己，是你自己與佛法沒有很深的緣分。但是，在做適當的培養之後，緣分會加深。當你與佛法的連結加強，你的念頭和行為將會改變，對於其他人的感知力也會改變。如果你有比較深的緣，就會遇到比較好的老師，你的修行將因此而獲益，直到你在心鏡中認出你自己的映像。當然，假如你覺得與佛有緣，那麼你已經認出鏡子裡的某些東西了，而且你可能是基於正確的理由，來參加這次的禪修。

一旦你看到了自己的映像，就要更加用功。只要精進修行，你或許能進入禪定或見性。你修行愈努力，愈能深入洞察自己更深層的心，能夠分別不同層次的體驗，就像現在你能分辨看見水、喝水、跳進水裡，以及變成水的差別一樣。

假如你精進用功，可能會進入一個看不到也聽不見的境界，但這不一定是定境。你的專注力可能強到可以把心從眼睛和耳朵上轉移開，但心中還是有妄念。剛開始，你可能不知道自己達到哪一種層次的禪定，但是當你進入更深的禪定時，就會更清楚自己的心理狀態。假如你培養禪定並加深專注力，那麼你可以給自己一個「建議」，讓自己在一定的時間後，從禪定中出來。舉例來說，如果你跟自己說三天後要出定，那麼你就能在那個時候起坐。否則，你要等到定力消退之後才會出定。不過，像是鈴聲等等外在的刺激，也可以將你從定境中喚起。

豁達空，撥因果，莽莽蕩蕩招殃禍。
棄有著空病亦然，還如避溺而投火。

當我們說沒有內也沒有外，可能會令人誤解。禪者可能會把虛無當成從障礙中解脫。他或許會想，沒有了障礙，就可以做任何自己想做的事，於是便喪失了自律。他可能會喝酒，然後說：「這只是水。」也可能吃肉，然後說：「反正這動物已經死了，我吃牠的肉，是在跟牠結緣。」他可能和許多女人發生性行為，然後說：「至少我沒有殺生，沒人受到傷害。我們是你情我願的，而且那感覺還滿像解脫的。」這些都不是開悟。想要以佛法來支持這些作為，就是在欺騙自己。

對「空」的錯誤了解，可能會導致兩種危險的態度：第一種是冷漠，冷漠的人覺得既然諸法都是空的，便什麼都不去做；第二種是無善惡之分，這可能更危險。有這種態度的人，會覺得自己不受道德所拘束，可以做任何事情，這樣的人可能會嚴重地傷害自己和別人。

有些習禪的人會陷入這樣的魔境，因為他們相信因果定律是空的。他們弄錯了，因果不是空的，即使是偉大的成就者，一樣要承受他們一切行為的果報。譬如有人修行而成為菩薩，再繼續修行而成為佛，那麼佛果對他來說，就是修行的果報。最終，我們一定會承受自己所有行為的果報。如果你認為因果是空的，就有可能墮入我所描述的魔境。因緣是空性的，但因果是存在的，這是基本的佛法。釋迦牟尼佛獲得佛果時，他前世的業並未消失，所以他的色身仍然遭受到業報。

執著有和執著空同樣是錯誤的。假如你像大部分的人一樣執著有，就會產生愈來愈多的煩惱；假如你執著空，就會否定因果的真實性，結果便是產生更多的問題。否定有而執著空，就像是避開了深水，卻陷入火中。

捨妄心，取真理，取捨之心成巧偽。
學人不了用修行，深成認賊將為子。

在試著了解前面的偈頌之後，有人可能會認為：「既然執著有是虛假的，執著空也是虛假的，那我應該專注在真正的心上面。」這是大多數人走在精神修行的道路上時，所抱持的普遍觀點。許多修行人相信他們必須祛除虛假，獲得真實，這其實是在愚弄自己。

我們知道念頭是虛妄的，但是在修行中，我們卻不能以追求真實的想法，來祛除這些念頭。「真實」只是我們拿來和「虛假」並列的概念，捨棄虛假以求真實，是多此一舉而已，這還是在矇騙心。

當你想到真和假、捨棄和追求，就是在分別。只要你分別，就永遠是在欺騙。這樣的迷惑，就像是在半夜錯把小偷當成自己的兒子。

分別會導致迷惑。無明的人可能會決定：「我不喜歡東方，我要去西方。」然後就往西走。他一直走，結果會走回原來出發的地方。他毫無所獲，只是累壞自己而已，其實不動反而更好。假如你說自己不喜歡壞的，喜歡好的，或是你要真的，希望祛除假的，那麼你就像那個無明的人——一個背對東方、一直往西走的人。

第八天：揮舞智慧之劍

損法財，滅功德，莫不由斯心意識。
是以禪門了卻心，頓入無生知見力。

是心的作用，摧毀了你的法財與功德，若是心不去分別與評判，你就會馬上進入無生法門。盡量讓自己的心不動，心一旦開始動，你就迷失了。一旦你的心動了或是去追求，就已經開始為失去而受苦。

達摩祖師從印度來到中國時，遇到了梁武帝。梁武帝告訴他，自己如何地贊助與護持佛教，他自誇地說自己蓋了多少寺院、捐了多少銀子給僧團，然後問達摩祖師，他獲得了多少功德，但是達摩祖師告訴他，他完全沒有功德。

這裡所提的功德，指的是精神層面上的功德，沒有執著的成分。如果你的心動了，執著於自己的行為，就不會獲得任何功德。梁武帝並沒有累積如永嘉禪師所描述的那種功德，因為他的行為是以自己為出發點。他的功德是由有漏的身、口、意所造作，仍然被執著和無常所控制。清淨的功德，來自解脫和絕對的智慧。

法財有時候被解釋為五種功德：戒、定、慧、解脫、解脫知見。禪者見性時，根本智會顯現，但這不能幫助眾生，他還需要無漏的後得智。

法財並不是世間的財富，世間的財富是有形的、有漏的，或是執著的，也是無常的。世間的財富最後還是會離開你，像是被偷、人為的損壞、自然的毀壞，還有上千種災禍。但是沒有任何事物，包括時間、任何自然力量或任何人可以拿走你的法財。然而，假如你的心動了，法財就會減少。同樣地，一旦完全停止分別，你的心會變得清淨，你將體驗到無心，並且進入了禪門——你將了悟超越生死的無生智。

大丈夫，秉慧劍，般若鋒兮金剛焰。
非但空摧外道心，早曾落卻天魔膽。

一般人缺乏智慧之劍來斬斷執著。然而，如果能夠停止你的分別心，你將能顯露如鑽石（金剛）般不朽的智慧，就像亞瑟王的劍一樣鋒利。你只要像英雄一樣地揮舞這把金剛劍，就能切穿執著、虛假的教法，以及降伏妄想魔。達到這種層次的人，能夠雄辯滔滔地演繹佛法，而他們本身堅強的信心，也能鼓舞其他人的信心。

如果你相信你已經體驗了真的悟境，那麼很有可能不是真的，因為思考「真」和「假」這兩個用語就是妄念。你可能深深相信自己曾經在某次打坐時的體驗，但如果它不是真的，你可能就欺騙了自己和別人。所以，找一位有資格的老師來確認你的體驗非常重要。

我在臺灣遇到一位修習非佛教的打坐法很久的人，他對這種方法有很強的信心。他相信自己有很深的經驗和智慧，而且聲稱他可以很清楚地看到世上所有的東西。他來跟我交流意見，但自己卻一直講個不停。最後，我擠出了一個問題，然後他又滔滔不絕地講了十五分鐘。他並沒有回答我的問題，只是不斷重複自己的信仰。有一個多小時的時間，我聆聽並且分析他所說的話，其實濃縮起來只有幾個重點。最後，我沒有時間再聽他講了。他快離開時還說：「你應該相信我說的話，你一定要相信。」

他說他已經拜訪了許多老師，但是沒有人能反駁他。事實上，這只是因為他拒絕讓自己的觀點，曝光在公開的討論上，他的劍不是金剛劍，而是盲信的劍。這個人只是振響他的劍來威嚇大多數的人而已。當然，他的劍不會完全沒用，他可以用來切蘿蔔和蔬菜，但是我想你不會要這種劍。

假如你覺得自己具有真正的智慧，不要以唱獨腳戲、沒人爭論的方式來解釋自己的觀點。拔出你的金剛劍，接受挑戰。假如它出現裂口而斷成好幾截，那麼這顯然不是真的金剛劍。你必須測試自己的修行和成果。

你在修行的任何時候，都可以拿佛教經典來測試你的洞見。假如禁不起測試，那麼它就不是真正的智慧。然而這樣的作法有個問題，因為你可能會曲解經典的意思，來支持你的體驗。因此，最好的方式，是依著佛教的傳統，跟一位好老師學習。

震法雷，擊法鼓，布慈雲兮灑甘露。
龍象蹴踏潤無邊，三乘五性皆醒悟。

永嘉禪師運用打雷和毒鼓，來解釋智者能夠幫助其他眾生體驗他們自己的智慧。佛教教導眾生平等，並且為他們的解脫而努力。

在過去，人們相信天空打雷的時候，每個地方的人都能同時聽到。他們不知道打雷只是區域性的現象，而相信當第一聲春雷在天空響起時，地上的所有生物，無論是在睡覺、休息或是冬眠，都會馬上醒來。雷鳴代表佛法，藉由彰顯佛教的普世真理，能夠喚醒所有迷失在煩惱夢境中的眾生。

在印度有個傳說，是關於一種特別的鼓，如果你把毒抹在鼓皮上，然後擊打它，任何聽到鼓聲的敵人都會死去。毒鼓象徵著佛法能夠摧毀外道和諸魔的邪見。

慈雲代表能暫時遮蔽酷熱陽光的雲。太陽所放射出來的灼熱，就像由煩惱產生出來的苦惱，而提供眾生庇護與紓解的雲，就是佛法。

我遇過一些人，因為心中很煩惱而想要自殺，但在聽聞佛法後，就覺得心裡比較舒坦，重新獲得了求生的意志。有一位弟子來見我，她最近離婚，小孩暫時跟著爸爸和他的新婚妻子。她的意志十分消沉，時有輕生的念頭。我要求她來參加禪修，剛開始她拒絕，因為她說：「我不想修行，我想死。」

我說：「請先來禪修再說。禪修結束後，如果妳還想死，到時我不會阻止妳。」到了禪修的第三天，她的狀況愈來愈好，禪期結束後，她有了一種重生的感覺。她告訴我，她要重新開始生活。從那時起，事情對她而言變得美好了。她心中那不舒服、灼熱的煩惱，被佛法平撫、紓解了，就像雲朵能消除豔陽的灼熱一樣。

甘露相傳是由天神所製造的不死之藥，喝了之後就能長生不死。永嘉禪師說，灑甘露意即將佛法帶給眾生，如果你能接觸並接受佛教的甘露，你的智慧就能恆久。若在乾涸的地區，一滴露水即能維持生命，就像眾生時時刻刻被炙熱煩惱所燒烤一樣，只要一點點佛法——一滴甘露，就足以鼓舞眾生繼續修行下去。佛法滋養了修行，而且讓它增長。

摩耶夫人在懷佛陀的時候，曾經夢到一隻六牙白象。在印度，白色大象是一種吉祥的動物。在精神上，象王不受世間事物所困，牠是超越世間的。因此，象王就像顯現智慧、傳播佛法的偉大菩薩。雖然菩薩生活在眾生之中，但不會為苦所困，也不會受到世俗社會約束的影響。他在眾人之上，而且幫助那些跟他有緣的人。

原本只有佛陀是象王，但是跟隨他腳步的弟子也變成了象王。在佛陀開悟之前，他本來是王子，但是他拒絕將來當國王，其他人甚至試圖勸他放棄出家的想法。在他的修行過程中，曾經受到一大群妖魔的攻擊，有些化現為軍隊來恐嚇他，有些化現為美女來誘惑他，但是他總是贏得勝利。因為他不受王位權力的誘惑，不受肉體的誘惑，也不怕痛苦與死亡。他超越所有世俗的欲望，成為象王，也就是佛陀。在我們達到佛陀所成就的境界之前，我們只是小象。

在佛教，我們有所謂的「五性」，又稱為「五種性」（五種人），視他們所跟隨的精神修持之道而定。前兩種是聲聞和緣覺，他們修持的是個人解脫之道。第三種是菩薩，他們發願在修道的過程中，要幫助眾生。前三種人將會跟隨與他們種性相應的修道之路，而成為聲聞、緣覺或菩薩。這些眾生會不動搖地持續走在他們的道路上，不會走向岔路。

第四種（不定種性）眾生，可能不會走上前三種的任何一條道路上，但是如果他們開始修行，或許會中途改變道路，有可能開悟，也可能不會。第五種（一闡提）眾生沒有善根，或是與佛法無緣，不會達到前三種的任何一種。這五種性包含了所有的人。然而根據偈頌，每一個人都能開悟或成佛，無論他們現在是屬於什麼種性。

雪山肥膩更無雜，純出醍醐我常納。

《涅槃經》裡提到，有一種草叫「肥膩」，生長在喜馬拉雅山的雪山上。據說，如果母牛吃了這種草，所生產的牛奶就會很濃郁，像奶油一樣。在這個譬喻中，如同肥膩草的清淨本性，是不可能由人工所製造。肥膩草代表的是珍貴的佛法，喝這種特別的牛奶，就跟喝甘露差不多。開悟的禪者能夠教導佛法，而且不論他說什麼，都是佛法的心要。

當我在帶領禪修時，覺得就像母牛生產牛奶餵小牛一樣。小牛吸食牛奶後，母牛會變瘦一點，而小牛則變得更大更壯。禪修過後，我覺得自己就像母牛一樣，變得瘦一點，也虛弱一點，但是我仍然為我的小牛感到高興。如果我能吃到肥膩草，而使我的說法像珍貴的奶油一樣，又怎麼不是一件美好的事呢？

佛教認為所有的眾生都是平等的。然而，只有跟佛法有緣的人，才能接觸到佛法，並且能夠欣賞、了解，而受益無窮。但總是有些人接收到如精鍊奶油般的佛法，卻仍然無法受益。然而，研讀和修行是不能強迫的。雖然所有的眾生都是平等的，但不可避免的是，總是有些人能從佛法中獲益較多。

第九天：不可言喻的佛性

一性圓通一切性，一法遍含一切法。
一月普現一切水，一切水月一月攝。

很久以前，母親告訴我：「你是家裡七個小孩中最小的一個，你們每個人都不一樣，但是從第一個到最後一個，對我來說，生產時都一樣痛。你們之中，有的比較聰明，有的比較遲鈍，有的比較乖巧，有的比較頑皮。這些我都無法預測，就像當初我無法知道我懷的是男孩還是女孩。我生每個小孩，每個小孩都從我身上繼承了完全不同的特徵，但是你們長得美或醜，我也都無法掌控。」

一位偉大的菩薩會以同樣平等的佛法，平等地救度所有眾生，他認為所有的眾生都一樣。所有眾生完全平等，與佛性是一體的，因為佛性無所不在。但是，每個人對待佛法這份禮物的態度不一樣。

水就是水，不論它在哪裡。不管是一滴露水，還是海洋，都是水。佛性在你的身上，也在我的身上，以及狗、豬、草的身上。以這一點來說，一粒沙和所羅門王的寶藏沒有什麼不同。無論在哪裡，佛性都相同。狗屎的佛性跟釋迦牟尼的佛性也一樣。假如你仔細地看，就會在一切事物裡發現同樣的根本性質。

當然，如果你在大街上高聲喊出這樣的見解，人們會把你當瘋子看。這段偈頌說的是究竟實相，並不是日常生活的現象。

美國加州的宣化上人有位弟子，在聽了師父說過上述類似的話之後，就在晚餐時，放了一坨大便在餐桌上。宣化上人問他：「你在做什麼？」

弟子反而質問他說：「看，你有分別心！」這件事發生之後，宣化上人請他離開。這位比丘自視甚高，堅持要以自己的方式做事。他沒有興趣學習，只想挑戰師父。他不了解本體（實相）不同於現象。宣化上人解釋：「你不能把大便放在餐桌上，釋迦牟尼佛從不吃屎。當我說屎和釋迦牟尼佛是一樣時，我指的是透過勤勉修行而獲得的領悟，並不是指這個有形的世界。在現象界中，現象就是現象，釋迦牟尼佛就是釋迦牟尼佛，屎就是屎。」開悟的人就會了解，這個世界的現象是不同於實相的。

諸佛法身入我性，我性同共如來合。
一地具足一切地，非色非心非行業。
彈指圓成八萬門，剎那滅卻三祇劫。
一切數句非數句，與吾靈覺何交涉。

把狗屎和釋迦牟尼佛等同視之，是一種迷惑，就像認為對馬桶問訊等於對佛像問訊一樣。你不可能以任何形式、狀態、物質，甚至是以某種行為，將法身或是佛法完全表達出來，但這並不表示法性與這些事物分離，或是不同。你不能認為法性離於這些物質和行為，也不能說這些形式、物質、心靈或行為就是法身。這一切都是虛幻和無常的。每一內在或外在的法，與法身都是完全和諧的，但是沒有單獨一法，可以被視為完整的法身。

當永嘉禪師說，諸佛法身進入他的本性，他是對的。因為他的本性並非不同於諸佛的本性。但是如果你說：「我等同於一切諸佛的法身。」或者說：「一切諸佛的所有法身都在我身內。」那你就錯了。說你從未與一切諸佛的法身分離是正確的，但不能說你是一切諸佛的法身。

你的本性、我的本性，和諸佛的本性為一——同在一起，從未分離，所以你不能指著自己的某部分說：「這是我的本性。」並且指著其他地方說：「那是諸佛的本性。」你不能把它們分開。

霧和冰或許是不同的物理狀態，但它們都是水。牛奶中的水和茶中的水，都是一樣的，我們身體裡的水和地上的水也都一樣。它可以無限的方式、數量，在無數的地方顯現出來，但它的本質還是水。同樣地，如來的本性，也等同於你的本性。

雖然說有無量法門、無數諸佛，和無限佛性的顯現，但若是你在一剎那中證悟了自己的真實本性，那麼你就會和一切如來與諸佛面對面。這表示你與他們不分離。

不論你是在修行的哪一個階段，對佛性的領悟是相同的，佛性的本質也是一樣的。你可能喝咖啡，但你不會去喝別人的口水，然而，這兩者當中的水都一樣。在第一階段，你可能獲得的是一杯口水。高興點！這只是個開始，至少它是水。在下一個階段，你可能會得到一杯白開水，然後在隨後的階段，或許是一杯剛沖泡好的咖啡。有人可能只得到幾滴水，有人則是得到一桶水。水是一樣的，但容器不一樣。所以，每個人所獲得的其實都相同，但是又不太一樣。

記住，真實的本性是指它的質，而不是量。你或許沒有歷經長時間的修行，就體驗到本性，在一剎那間獲得所有是可能的，這就像一粒沙等同於所羅門王所有的寶藏一樣。一粒沙的本性或本質，也在其他的一切事物當中，認為一粒沙的佛性比較小，而一座山的佛性比較大，這是錯誤的想法。假如我拉你的手指，我可以說那只是你的手指，但事實上，我是在拉你整個人。你的頭髮也是你，假如我只拉它幾根，我拉的還是你。

一旦你體驗到實相，你就會了解語言非常地局限。這段偈頌的最後一句，就是在告訴我們這一點。辯論、爭論和討論，跟真正的體驗一點關係也沒有。

即使是最雄辯滔滔的演說，仍然來自一顆變動的心，只有當你的心不動，智慧才會顯現。

不可毀，不可讚，體若虛空勿涯岸。
不離當處常湛然，覓即知君不可見。
取不得，捨不得，不可得中只麼得。

你不能抓著佛性說你證得它，也不能解釋或稱頌它。它包含一切，無限大也無限小。它包含了時間的每一個剎那。我們又如何能稱揚一種超乎理解的事物？不論你在哪裡，都可以察覺到佛性。但是你一旦追求它，它將會在你所能達到的另一邊。

我們既不能執取佛性，也不能丟棄佛性，只有當它無法獲得時，才能被獲得。關於這一點，如同你所能想像，其實並沒有太多可以說的。所以，若是你無法獲得，那麼你要如何獲得？你如何以無所得來得到呢？事實上，並沒有獲得。佛性自始至終都在這裡。

我的問題是：「你的心在哪裡？」我將告訴你關於佛性的一些暗示——當「無心」時，佛性就在那裡，但是當你把心放在佛性上時，那佛性就不見了。

第十天：無有真假

默時說，說時默，大施門開無壅塞。
有人問我解何宗，報道摩訶般若力。
或是或非人不識，逆行順行天莫測。
吾早曾經多劫修，不是等閒相誑惑。

大證悟者不會為了符合別人的意見和判斷而行動。這樣的禪者是偉大的施者，是最偉大的佛法給予者。

一般人行財施和法施，證悟的人行無畏施，他們不依賴語言。說，他布施，不說，他也在布施。

有大福德的證悟者，可以給人們所需的任何東西。耶穌基督非常窮，但是跟隨他的人永遠很滿足。假如你問一位偉大的修行者，他如何幫助別人，他會說：「我沒有做什麼，這是摩訶般若（大智慧）的力量。」偉大的修行者不會認為自己具有大智慧，假如他認為有，那就是驕傲，不是智慧。智慧不可能被擁有，否則就是一種局限的智慧。

一位偉大的禪師可能看起來是古怪的、深不可測的，甚至瘋狂的。有位法師曾經跟我抱怨一位禪師，他說：「當我說存在，他就說不存在；如果我開始說不存在，他反而開始說存在；當我說自我，他就說無我。每次我說什麼，他都會唱反調。假如我是你，就再也不會理他了！」

這位禪師並不是對每個人都如此，而且也不是每次都這樣，而是視情況而定。有時候他看起來很正常，也會說些日常生活中的事情，但有時候聽起來完全不合理，你無法僅僅以他所說的話，來評判這樣的禪師。

你可能發現他白天在向佛像禮拜，晚上卻把它砍了當柴燒；他可以放掉待宰的動物，然後坐下來喝熱呼呼的雞湯，你很難去測量他的行為標準。

建法幢，立宗旨，明明佛勅曹谿是。

第一迦葉首傳燈，二十八代西天記。
法東流，入此土，菩提達摩為初祖。
六代傳衣天下聞，後人得道何窮數。

這段偈頌是在描述禪宗直接「以心印心」的傳法。法幢是一種長型、圓筒狀的布，掛在寺廟的屋檐上，讓人知道寺廟裡正在舉辦些什麼活動。永嘉禪師用它來象徵，禪並非透過語言來了解，而是直接的領悟。

禪直接傳承自佛陀，從大迦葉開始，傳至印度佛教第二十八代祖師菩提達摩，後來他成為中國的第一代祖師，傳了五代之後，曹谿惠能是第六代。永嘉禪師說，從此有無數的修行者領悟了「道」，也就是禪。

真不立，妄本空，有無俱遣不空空。
二十空門元不著，一性如來體自同。

對於如來——完全證悟的佛而言，真和假是一體而相同的，同樣是佛性的本質。真和假並非客觀的存在，也不存在於心中。要了解這些，首先要了解真和假的空性，然後還要了解它們的不空性。在這一點上，語言變得沒有意義。假如你仍然要去說，那麼還是有個空要被空掉。

〈證道歌〉裡提到二十種空，但是永嘉禪師並沒有一一列舉出來。永嘉禪師的二十種空可能是來自《摩訶般若波羅蜜經》中的十八空。它們是：內空、外空、內外空、空空、大空、第一義空、有為空、無為空、畢竟空、無始空、散空、性空、自相空、諸法空、不可得空、無法空、有法空、無法有法空。還有其他的分類法，但都是以不同的方式，來表達同一件事——空。

心是根，法是塵，兩種猶如鏡上痕。
痕垢盡除光始現，心法雙忘性即真。

心動是因為接觸了外在的現象。現象可以分為兩類：心法（念頭和感覺）和色法（有形的物質）。心是透過感官，與色法互動。心的活動本身是心法，但這裡討論的是外在的色法。

外在的色法，有時稱為「感官對象」，中文是「根塵」。一旦心覺知到外在的色法，一連串的心法（第六意識的感官對象）就會被觸動，而心法本身也會觸動其他的心法。永嘉禪師運用鏡子，象徵被感官和現象的作用所遮蔽的心，來描述修行之道。任何影響心的心理活動或外在現象，都可以稱為根塵，累積的根塵會遮蔽心鏡。透過修行，我們開始減少對法的執著。

若和外在的法沒有互動，就沒有心法。如果「色」導向「受」，「受」導向「想」和「概念」，那麼一連串的反應——即是心法，會從心中產生，而外在的法也就會被拋在一旁了。一旦心開始動，就會由它自己的動力所驅使，而持續活動下去。假如心不動，那麼內在和外在的法都會消失。當內心活動和外在色法之間的互動消失時，智慧就會顯現，那時就找不到心，也找不到任何法，繼續存在的，即是佛性。

第十一天：禪者的善巧方便

嗟末法，惡時世，眾生福薄難調制。

去聖遠兮邪見深，魔強法弱多恐害。
聞說如來頓教門，恨不滅除令瓦碎。

根據佛教傳統，佛陀滅後可分為三個時期：第一個時期為佛陀涅槃後五百年，稱為「正法時期」。第二個時期為佛陀涅槃後五百年到一千年，稱為「像法時期」。第三個時期從佛陀涅槃後一千年開始，稱為「末法時期」。末法時期開始於永嘉禪師時代的幾世紀前。永嘉禪師描述了當時唐朝人的行為和態度，那時只有少數人有善根，大部分的人無法接受佛法。永嘉禪師看到這種墮落的現象，認為離釋迦牟尼佛愈遠，人們對邪見的執著愈深，而魔的力量比佛法的力量還要強。

當時，儒家強烈地攻擊佛教。而且，唐朝的皇帝姓李，人們認為是來自道教的始祖——老子李耳，所以皇室支持的是道教，而不是佛教。儒家被視為倫理道德的基礎，而道教又被視為國教，所以，當時佛教受到了雙方的夾擊。

不過，佛教還是擁有一些皇室的支持者和布施者，這些贊助者捐獻大量的金錢給寺院，但是因為比丘、比丘尼的需求不多，而且生活簡單，因此寺院的財富急遽增加。由於儒家並沒有特別的組織或團體，儒家學者本身就生活在社會之中，所以沒有受到捐獻。這種情況，道教或多或少也相同。一些儒家和道教的支持者嫉妒佛教的財富，便利用自己的影響力，說服官方去壓迫比丘和比丘尼。

誹謗佛教的人希望能夠迅速、徹底地摧毀佛教和頓悟教法，因此在下一段偈頌中，永嘉禪師發出警告。

> 作在心，殃在身，不須冤訴更尤人。
> 欲得不招無間業，莫謗如來正法輪。

永嘉禪師警告那些想要避免業果報應的人，不要詆毀佛法。怎麼收穫就怎麼栽，所以要小心你種下的是哪一種業果的種子。

很不幸地，在永嘉禪師時代的人樂於誹謗佛教，但是即使受到這些迫害，禪宗還是生存下來了。為什麼佛教的其他宗派逐漸凋零，而只有禪宗一支獨秀？原因之一是禪的精神已經深植在中國文化之中，更重要的是，你很難找出禪的弱點。如果你攻擊禪，將會發現很難找到可以攻擊的地方。從理論的觀點來說，禪找不到具體的教義能讓人鑑別和反駁；從實際的觀點來看，禪並不標榜讓習禪者遵守特定的形式或行為。

歷史記載，中國曾在唐、宋、明、清等朝代的某一段時間壓迫佛教。在中國歷史上，這些對佛教的壓迫，可說是相當激烈。在這些迫害的時期，比丘和比丘尼被迫還俗，寺廟被查封或是充公，移作他用。有些遺跡還保留著，但是有許多經典、文獻和佛像，都被破壞了。

雖然在中國，佛教不是永遠都那麼興盛，或許除了印度之外，沒有任何國家像中國一樣，讓佛教發揮了如此廣大的文化力量與影響力。西藏佛教是直到近代才突破其偏遠與隔離的地域限制，南傳佛教的傳統，也一直維持原來的面貌。大部分的佛教文獻是由中文寫成的，然後由中國傳播到韓國、日本、越南和其他亞洲地區。這些國家非常倚重中國的傳統，而其中影響力最大的，就是禪宗。

即使是在時機最壞的時候，禪宗還是能生存下來。如果禪者無法住在城市裡，他們就會留在山上。如果必須要到城市，他們會換上在家人的衣服、留長髮，他們不在意回復在家生活。

外表並不重要，真正的修行者只關心他們的修行，其他的事，都可以是善巧方便的。有句俗話說：「假如你不能靠布施得到食物，那就自己種吧！」

禪之所以能夠存活，是因為它不敗的精神。即使沒有經典可讀，沒有寺院可住，禪還是能持續下去，因為這些對修行而言，都不是必要的。假如有人修行，另一個人可以跟隨他修行，如此繼續並且傳播下去，就是那麼簡單。佛教，特別是禪宗，是無可毀壞的，因為它的善巧方便，它沒有任何的形式。

栴檀林，無雜樹，欝密森沉師子住。
境靜林間獨自遊，走獸飛禽皆遠去。
師子兒，眾隨後，三歲便能大哮吼。
若是野干逐法王，百年妖怪虛開口。

迫害不能摧毀佛教，因為修行的精髓，是內心的修習，而不是外在的儀式。假如有比丘尼被迫還俗，她可以甘之如飴，而且繼續修行。如果她被禁止弘揚佛法，她會說：「沒有關係，反正也沒有什麼可以弘傳的。」那些想以辯論來破壞佛法的人，也會遇上類似的問題。禪不依賴語言、邏輯和知識，因此無法被攻擊。最後，即使是最頑固的對抗者，也只有無奈地放棄。壓迫禪宗是浪費時間和精力的。

上述的偈頌清楚地說明了這一點。栴檀是很珍貴的木材，它可以當藥或是做香，還可以製成上等的家具。而且，栴檀林很難被其他的樹種侵入或取代，佛教和佛法就像栴檀林一樣。

成年的獅子代表佛陀，其他動物代表迫害者和其他宗教的修行者。成年的獅子在他的領域中地位最高，雖然動物們看到這頭獅子就會跑掉，但是牠們會與年幼的三歲獅子當玩伴。禪師就像這三歲的獅子，外道可能不敢直接與佛陀對抗，但他們會試圖向禪師挑戰。雖然只有三歲，但畢竟還是獅子。即使年幼，但也已經會吼了，所以當牠吼叫的時候，其他的動物會感到害怕。

跟禪師相比，禪修者就像是小幼獅。雖然禪修者還不是禪師，但他仍是一隻獅子。因此，他不應該害怕攻擊者。

有一次，一隻狡猾的狐狸使用詭計讓其他的動物相互打鬥，在最後的混戰中，大象獲得了勝利。但就在塵埃落定之前，狡猾的狐狸跳到大象背上，然後聲稱牠自己是王。當年幼的獅子看見狐狸這樣做時，不禁生氣了，於是便放聲大吼。這時，狐狸嚇得從大象的背上掉了下來。狐狸站起身來後，就宣布了一條新的規定：「打鬥沒有關係，但是獅子不能用吼的。」同樣地，禪佛教就像是獅子的吼聲。

唐朝詩人白居易當了大官後，去拜訪鳥巢禪師。鳥巢禪師總是在樹上說法，就像鳥在牠的巢裡一樣。白居易向在樹上打坐的禪師喊：「小心，禪師！坐在上面太危險了。」

鳥巢禪師卻說：「大人！是你處在生死危險當中。」

白居易對於這個回答，感到很訝異，於是說：「我是當朝的官員，有官兵來保護我，有何危險可言？」

鳥巢禪師說：「你是由地、水、火、風所組成的，這四大都是賊，你是處在險境當中。」

白居易被禪師的話觸動了。他知道鳥巢禪師很精進修行，但似乎什麼也不做，所以他便問：「您能不能給我一些建議？」

鳥巢禪師說：「諸惡莫作，眾善奉行。」

白居易回答：「這連小孩都知道。」

鳥巢禪師說：「三歲小孩都知道，但是八十歲老翁卻做不到。」

聽到這句話之後，白居易便向鳥巢禪師頂禮。

至少白居易是以恭敬心去拜訪鳥巢禪師，其他人則是以摧毀佛教的企圖心在研究佛教。不過，佛教歡迎人們在剛開始時，以理智的方式及強烈的企圖心去殺佛，最後，他們通常會變成佛教徒。他們與一些非理性，沒有明顯理由就要摧毀佛教的人不同。無明的人不想要了解事物，他們的行為只是出於盲目的瞋恨，還好他們無法真正摧毀佛教。他們攻擊的是外在的表相，例如寺院，這麼做會讓比丘和比丘尼消失。雖然留著頭髮、在田裡工作，但還是能夠繼續修行，修行是最重要的，也是無法被摧毀的。

第十二天：正見是修行的指南

圓頓教，沒人情，有疑不決直須爭。

不是山僧逞人我，修行恐落斷常坑。

禪者對於自己、別人和他的修行，一定要有清楚、正確的見解。有一句禪的諺語強調：「修行的觀念比修行本身更重要。」修行很重要，但是從修行中得到的正見更重要。假如一個人的見解不正確，就可能走偏到外道。

譬如船依靠羅盤航行，若是引導方向的羅盤壞了，就會不知道指向東西或南北；假如飛機航向不正確，迷航飛入敵方領空的話，會發生什麼狀況？

修行的過程很重要，但是修行的觀念，就像是校正過和確認好的方向。禪宗認為，修行所依止的正見比修行本身更重要，因為修行需要正確的方向和指引。如果你對自己的修行有任何問題和懷疑，應該馬上釐清它。如果你覺得某人的觀點偏離佛法的基礎，應該引導他回到正確的道路上。當然，永嘉禪師是從開悟者的觀點來陳述。在這次禪修以及你的日常修行中，都應該要小心地以禪的角度來說話、思考或做事。永嘉禪師即使具有深刻的見解，他仍然謙虛地說，自己只是個粗鄙的山和尚。

一位廣受尊敬的法師，或許仍然會有修行上的問題，但是他可能會不好意思去尋求建議。如果有人的見解錯誤，就應該導正，而不要考量他具有什麼樣的地位或身分。佛教的正道非常重要，不能受個人的關係或情感所阻礙。

在惠能大師正式從五祖那裡接過衣缽後，在山上住了長達十五年之久，才回到城市去弘法。當他抵達廣東法性寺時，印宗法師的兩位弟子，正在爭論被風吹動的幡。其中一位說：「是風動。」另一位說：「是幡動。」

惠能馬上覺察這兩位比丘對修行的理解有問題，他便糾正說：「既不是風動，也不是幡動，是你們的心在動。」後來，印宗法師聽到這個回答後，便請求惠能教他佛法，即使當時惠能還是在家人的身分。聽完惠能的說法後，印宗法師了解惠能就是失蹤的六祖，於是幫惠能剃髮，讓他成為比丘之後，當了惠能的弟子。

惠能並不會因為當時印宗法師是一位大師，擁有眾多弟子，就遲疑而不去糾正他的錯誤。而且，印宗法師也沒有被自己的成就和地位沖昏頭。當他發現自己的修行有問題時，就馬上請教惠能。

一般佛教徒可能缺乏印宗法師的勇氣和誠實。許多比丘和比丘尼除了自己的師父之外，不會讓其他人在自己的寺廟裡說法。有些人喜歡爭論，扭曲說法來符合自己的概念，他們會用好聽的標準答案來跟你辯論，例如「煩惱如金」、「好就是壞」、「輪迴即涅槃」等。這種行為是可悲的，不符合真正的禪。

在佛陀時代，提婆達多是個惡名昭彰的人。由於惡行重大，他墮落在最底層的地獄中。傳說，有一天釋迦牟尼佛派阿難去看提婆達多過得如何，當阿難到了地獄後，問提婆達多：「你在這裡受很大的苦吧？」

提婆達多回答：「這裡就跟四禪天一樣涼爽和舒適。」

阿難問：「你想離開這裡嗎？」

提婆達多說：「你為什麼不叫佛陀自己來這裡問我？」

阿難把兩人的對話，告訴了釋迦牟尼佛，輕易就能到地獄的釋迦牟尼佛卻說：「我怎麼可能去地獄？」

後來，提婆達多聽到釋迦牟尼佛的回答，就說：「假如佛陀不能到地獄來，我又怎麼可能離開？」

事實是，佛陀是無所不在的，所以不必去地獄。提婆達多不離開地獄，是因為了解到佛陀已經在那裡，所以沒有一個地方要去。如果來和去是一樣的，那麼地獄跟其他任何地方一樣好。涅槃不離於地獄，因此沒有一處地獄需要離開。

你或許會想：提婆達多是邪惡的代表，但是釋迦牟尼佛卻認為，他是位趨向佛果最高階的菩薩。因為提婆達多負面的影響，而幫助佛陀修行。如果你沒有正見，只有世俗見，那麼就會認為提婆達多是個邪惡的眾生，因為他的惡行，所以在地獄遭受巨大的痛苦；而釋迦牟尼佛則是完全的良善，因此不會去地獄。然而，如果你有正見——禪的觀點，就會從佛陀的角度來看待這件事。

如果有人對他的修行產生疑問，你應該幫助他；假如他有錯誤的想法或邪見，你更應該快點幫助他。如果有人誤解了提婆達多的故事，應該向他說明清楚。不過，當你要糾正別人時，一定要確定自己具有清楚而正確的意圖。

佛教避免兩種基本的錯誤見解，一種是「斷見」：認為一切都不存在，而且沒有意義；另一種是「常見」：認為自己的內在，有個不變的靈魂，它是永恆的，不論是在天堂，或是從一生到另一生，變換身體就像是變換衣服一樣。人們相信經歷了無數次的投胎，靈魂仍然都一樣沒有改變，而且他們相信經由善行，每一世會愈來愈好，直到靈魂最後變成了永恆存在的神，或與神合而為一。

「斷見」的錯誤，在於認為沒有因果、沒有業，沒有過去、現在和未來之間的關聯。根據斷見，人的出生是從無而來，而且人死後就什麼也沒有了。有些抱持這種觀念的人野心很大，他們想成就偉大的事業，在世上留下功名。這可能是大善行，也可能是大惡行，例如希特勒。

相較之下，「常見」可能比較好，因為有這種信念的人會強調善行，而且累積福德。

一個開悟的人遇到這兩種人，會試著幫助他們不要輕易地落入兩者之中的任何一種陷阱。但是，佛教並不強調鼓吹佛法，我們不會去敲別人的門。有正確態度的佛教徒，不會在別人身上強加自己的想法。

非不非，是不是，差之毫釐失千里。
是則龍女頓成佛，非則善星生陷墜。

如果你因為接受了錯誤的見解，而偏離禪法，即使是像頭髮般的寬度，還是離開了方向。假如你完全正確，就能像頓悟成佛的龍女，享有美好的命運。如果你完全錯了，就會像善星比丘的結局一樣受苦，被自己魔性的反抗所折磨。

有人或許可以顛倒是非，把錯的說成對的，或是把對的說成錯的。你要如何判斷對錯呢？如果我說「沒有佛、沒有法、沒有僧、沒有證悟」？像這樣的話可以幫助人，也可能傷害人，依對方的心理狀態而定。但是如果我向大部分的人說這樣的話，那就是錯的。可是我會對一位精進修行，而且已經得到成果的人這麼說，以提昇、糾正或指引他們的了解。但是在對他說任何話之前，我會先確定他的觀點和理解是正確的。如果有弟子精進修行，卻一直抱持著自己快要開悟的想法，而且他的師父也對他說：「對！你是對的！你應該努力求得證悟，獲得涅槃而成佛。」那這個弟子的修行就毀了，這是非常不恰當而有害的事。

讓我問你：「你是為了成佛而修行，並且禮佛是為了滿足佛陀？」如果你是這樣想的話，那你就誤入歧途，而且很難進步了。

這段偈頌提到了佛教文獻中的兩個故事。第一個是《法華經》中八歲龍女成佛的故事。根據一般普遍的傳統，如果不是成年男人就不能成佛。你必須修行三大阿僧祇劫（一大阿僧祇劫大約有億萬年）。當你的業成熟時，會投胎成為男人，長大後就能因修行而證悟。然而，龍女的故事有三點和它不同——不是男性、不是成人，也不是人類。

有一次，龍女隨侍著佛陀，並供養佛陀一串珍珠項鍊。龍女問舍利弗（佛陀的弟子，也是位阿羅漢）：「我獻珠寶，佛陀接受它，舍利弗，你認為這個動作很快嗎？」

舍利弗說：「對！很快。」

龍女說：「成佛比這還要快。」在那當下，她就在遙遠的宇宙一方成佛了。

這個故事描述，如果你具有正見，就會馬上開悟。假如你切斷了過去和未來，而且發覺現在也不存在，當下就無心，那就是成佛。但是，假如在下一剎那，心、過去、未來和現在的概念又回來了，那麼你又是個凡夫了。

第二個故事是關於善星，他是名比丘，在他達到四禪的境界後，認為自己已經進入了涅槃。不幸地，他從未向佛陀確認過自己的境界。他聽聞佛陀說法，也自以為了解佛陀的教法，所以就沒有詢問佛陀關於他的體驗。後來，他因為親近惡友而定力消退，於是失去四禪的定境，因此他產生了懷疑：「我怎麼會從涅槃中退出來？」他的煩惱又回來了，而且想：「這怎麼可能？佛陀騙人，涅槃不是真的。」

由於善星太傲慢了，所以沒有去找釋迦牟尼佛尋求指導和建議。他深信涅槃不是真的，而且佛陀是個騙子，因此他的心充滿了瞋恨。

釋迦牟尼佛知道善星的想法後，就派弟子迦葉去安撫他，這樣當佛陀抵達時，他的心就能處於容易接納的狀態。但是善星不聽，反而對迦葉咆哮與責罵，當佛陀抵達之後，善星更怒罵他和他的教法。就在那時，地上開了一個洞，善星直接墜入地獄。

這些故事象徵了佛教裡兩件非常重要的觀點：第一，聽從佛陀的話；第二，不要對自己太有信心，認為自己能夠當自己的老師。信賴自己是可以的，不過你需要別人來驗證你的修行，以佛法的標準來衡量你的修行和成就。你自己的體驗和知識不一定可靠，假如你有懷疑，就去找老師尋求指引。假如你沒有人引導而閱讀佛經，便可能曲解經典而危害自己。這就是為什麼跟隨一位師父學習，是很重要的事。

記住！假如有人在修行上有問題，就幫助他，但是你一定要小心自己所說的話。對某些人來說，佛教的藥方有時不但沒有助益，反而有害。還有，不要去說服那些對其他宗教有強烈信仰的人。假如你的語言或行為導致別人中傷佛教，那就是你的責任。

在你開悟之前，最好是專注在自己的修行上，不要去管其他人的。或許你會認為別人是錯的，但是也有可能是你錯了，他或許是在進行另一種層次的修行，或是依另一種觀點去修持。而且，如果你認真地自我修行，也不會有時間來評斷別人的修行。

第四次禪七

第一天：讓過去成為過去

吾早年來積學問，亦曾討疏尋經論。
分別名相不知休，入海算沙徒自困。
卻被如來苦訶責，數他珍寶有何益？
從來蹭蹬覺虛行，多年枉作風塵客。

禪修一開始，我就告訴你們要把過去——從你們出生那一刻直到踏進禪堂那一刻，全部打包起來，丟到垃圾桶去。禪七結束時，假如你覺得還需要這些過去，可以再從垃圾桶裡撿回來，但是在禪修期間，先把過去的一切拋開。

假如你能抱持這種態度，我保證你能進步。捨棄過去並不是一件容易的事，即使你有心要做，有時候也做不到，然而第一步是：願意放下。

在直射的光線下，你的身體會投射出影子來，在黑暗中就不會了。業就像影子一樣，許多人處在黑暗中，甚至不曾察覺到自己有個影子。若要覺察影子，就要走入光線中。現在，你可以發願你能擺脫你的影子——你的記憶、經驗，以及所做過一切事情的業力。

如果我們有自我感，就無法拋棄過去，就像只要有個身體，就一定會有影子一樣。所以，要減少以自我為中心的態度。最好能馬上把過去拋棄，否則當你在方法上用功時，過去會不斷出現，你就無法專注在方法上，完全融入方法中。要克服這一點很困難，記憶是我們牢固的自我中心的一部分，還會反過來被我們的欲望和期待所強化。所以，我們必須從這兩部分著手用功。

幸運的是，用功的方式一直都是相同的：首先，要知道我們被自我中心和記憶所吸引，然後放下它們。如此一直保持覺照和放捨，會讓修行持續進步。

我們累積我們的世界觀，並不是只有透過直接的體驗，還透過家人、朋友、同事、老師、書籍、媒體、社會等處得到知識。我們絕大部分的過去和思想，是被別人所塑造，因為我們沒有覺照到這一點，所以要放捨透過別人那裡所累積而成的世界觀，遠比放下我們的個人經驗，還要困難得多。

中國古諺有云：「偷東西的人，是小偷；但是偷國家的人，卻可以當王侯。（竊鉤者誅，竊國者侯。）殺一個人的人，是殺人犯；但是殺了上千人的人，卻是英雄。」一個積聚或爭奪權力的人，並不是因為個人的壞習慣而這麼做，而是被自己強權的世界觀所趨使。

因為智性上的知識，是如此深刻而根深柢固地存在於我們的心中，因此很難捨棄。永嘉禪師承認，他在見六祖之前，也累積了很多經論上的知識。事實上，佛教的傳統鼓勵大家多讀經論。雖然學習是好的，而且會有好的成果，但是對於追求開悟的人來說，學習卻是一種障礙。永嘉禪師是罕見的個案之一，在他去見惠能時，已經能夠完全捨棄之前的所學。

永嘉禪師說，經由學習來修行，就像是去算大海中有多少粒沙子一樣。學習佛教經典是一條永無止盡的路。佛陀說法四十九年，但是他比喻這些教法，僅僅像塞進手指甲縫裡的沙子那麼少，而沒有說的，就像整個世界的沙。說法可以是一種持續不斷的過程，試圖學習所有的教理，也同樣是一條永無止盡的路。

學習佛教經典是很好的。經的意思，是把東西串在一起，就像把花串成花環，或是把珍珠串成項鍊。但是，如果你執著於文字，只是學習而不修行，那就像是在算別人的寶藏。小孩子到銀行去，看見行員在數一大疊的鈔票，心裡就想：「哇！那個人有好多錢啊！」小孩子不了解，行員是在算別人的錢。

有個人去見六祖惠能，但是他沒有向六祖頂禮以示尊敬。惠能問他：「你如何修行？」

訪客說：「我誦《法華經》已經誦了六百遍。」

惠能說：「你身上有六百部《法華經》？那真是沉重啊！難怪你無法頂禮。」

訪客想了想，說：「確實沉重！我能做什麼呢？」

惠能建議他：「從現在開始，做一個沒用的人。除了修行之外，什麼都不要做。忘了你的專長，也忘記你的驕傲和能力。」

最好是忘記你在修行過程裡，曾經有過的美好經驗。不要回想過去的經驗，而且不要注意浮現在心裡的東西。如果你有了好的體驗，就讓它過去；如果你沒有，也不要預期有什麼美好的經驗會出現，否則你的背上會扛著很重的負擔。而且，你若擔負著過去，就會抓住一些對未來的幻想。假如你背著這麼重的東西修行，會被壓得像薄餅一樣扁。

既然要放下一切很困難，就全心全意地把自己投入在方法上，並且了解，除了方法之外，其他什麼也沒有。

假如你把所有的時間都花在研究經論，或不斷地重溫禪修經驗，就不可能成就真正的洞察力或領悟。有個故事描述一隻猴子在桃子園，牠爬上一棵樹，摘了一顆桃子，後來牠又看到了第二顆桃子，於是就把第一顆桃子夾在手臂下，伸手去摘第二顆桃子。就這樣，一顆又一顆，牠伸手摘了桃子之後就夾在手臂下。最後，牠把園裡所有的桃子都摘光了，以為自己擁有了全部的桃子，但是等牠回頭一看，卻發現只剩下手上的那一顆。

如果你開始打坐得不錯，你可能會發現自己像隻貪婪的猴子：「哦！我獲得了些東西，那是什麼？還有其他的嗎？我可以再得到嗎？」如果你沒有發現自己像隻貪婪的猴子，就會把每棵樹上的桃子一顆一顆地摘光。最後你會筋疲力盡，但是半顆桃子也沒吃到。

檢視一下你的念頭和行為，你像這隻貪婪的猴子嗎？如果是，我有個小小的建議，最好是摘了一顆桃子後，就慢慢地、仔細地、專心地吃。在這個例子中，我所指的就是你的修行方法。

種性邪，錯知解，不達如來圓頓制。
二乘精進勿道心，外道聰明無智慧。

在這段偈子中，永嘉禪師告誡並反對外道教法，以及聲聞乘的狹隘觀點。他說外道教法不能讓人徹悟，聲聞乘教法也有執著於禪定和三昧的危險。

修行和禪坐有許多層次和種類。我們所用的方法，所有的人都可以用——外道、聲聞乘行者或禪修者。方法雖然都一樣，但是不同派別的弟子，會基於自己的見解，而產生不同的體驗和了解。

許多非佛教的人來到禪中心，我通常都會接受他們，但是當他們問到能不能用自己的方法時，我會說：「當然可以，但是假如你用自己的方法修行，就不能期待會有佛法的體驗。」如果他們不放捨自己早先的經驗，以及先入為主的觀念，就無法接納佛陀的教法。或許我教的是佛法，但是他們聽到的只會是他們想聽的，最後就會帶著自己之前所帶來的信念離開。

假如有人戴著紅色眼鏡，那麼他所看到的一切都是紅色的。那還好，但是如果他忘記自己戴了紅色眼鏡，可能會一心一意地相信這個世界是紅色的。

有一位信仰其他宗教的學生來到禪中心，跟我學習了一段短短的時間之後，他說：「你看！你們的佛陀沒什麼特別，你們的開悟跟我們的一樣。」

我告訴他：「當然，因為你只看到你想看的。而且你從一開始所看到的，就只是你自己的信念。」

你必須了解禪和外道，以及禪和個人解脫的差別。所有外道的教法，都有一個共同點——有「我」的想法。它可能是「大我」或是「超我」，但它還是一個「我」。另一方面，個人解脫的修行法主張無我，「我」純粹是空的。對禪而言，既不說有我，也不說無我。正如惠能大師在《六祖壇經》中所說的：「菩提即煩惱，煩惱即菩提。」

第二天：以妄止妄

亦愚癡，亦小騃，空拳指上生實解。
執指為月枉施功，根境法中虛捏怪。

〈證道歌〉中說的「愚癡」和「小騃」，指的是兩種愚笨的人。第一種是愚笨的成人，第二種是智能不足的小孩子，這些譬喻指的是修行聲聞乘和外道教法的人。

一般來說，我們了解拳頭和手指是分不開的：沒有手指，就不會有拳頭，而且手指隨時都能變成拳頭。聲聞乘行者主張，不論是大我或是各種現象都是虛幻的。對於偈頌裡的譬喻，聲聞乘行者會說，既然拳頭（自我）可以變成手指（現象），手指也可以變成拳頭，那麼這兩者都不真實。

對於相信大我（神我）真實存在的外道修行者而言，拳頭就是真實的我，相反地，手指則是其他所有的現象，並且相信這些即是終極本體的組成元素。

永嘉禪師運用佛教著名的手指和月亮的譬喻，指出這兩種對於存在的見解都是錯誤的。教法、信仰、概念、經驗、現象和自我，都像手指一樣，指向代表開悟的月亮。你應該往手指所指的方向看，如果你的目標是月亮，抓著手指不放並無法得到月亮。錯把手指當月亮，執著於虛幻，編織奇怪的想法來解釋體驗，這些是一般人在修行時，常會出現的問題。若要開悟，我們必須放下所有的虛幻。

然而，我們必須以妄止妄。佛法不能不藉由人類的語言、符號和這個世界的一般現象來做說明，但是許多人在聽到教法時，會緊緊抓著，以為那就是最殊勝的目標。抱持這樣的態度，在修行上無法成功。

修行期間，或許有人會覺得這世界非常美麗，而且每個人都是佛。他會以為自己已經見到佛性，但實際上並非如此。佛性沒有固定的材質或形狀，你所看到、聽到、想到或經驗到的，都是當你的感官與感官對象互相作用時，所生起的影像、念頭、概念和感覺。這些影像不是真的佛性。

《心經》提到：「色不異空，空不異色，色即是空，空即是色，受、想、行、識，亦復如是。」感官和感官對象都是虛幻的。因此，與之相應而起的任何事物，也都是虛幻的。它怎麼可能是佛性呢？

不見一法即如來，方得名為觀自在。
了即業障本來空，未了應須還夙債。

這段偈頌的第一句，說的是禪宗的基本教法。假如你放下所有的執著，就會見到如來——事實上，你就是如來。我有許多學生說，見到本性並不難，換句話說，要開悟是件簡單的事。他們是對的，這甚至不用一秒鐘。

有人問我：「我看見它薄得像一張紙，一邊是自我，另一邊是開悟，就是那麼接近。」

我說：「它甚至更近。如果你放下過去、未來和現在，你會看到你的本性。過去，你是個凡夫眾生；在這個時刻，你仍是個凡夫眾生；未來，你還是凡夫眾生。但是假如你放下過去、現在和未來，你將會是佛。」

有一位學生覺得很悲傷，因為她不知道自己是誰。我告訴她：「只要妳的腦袋還有念頭，就不會知道妳是誰。光是跟自己說放下念頭，是沒有用的。首先，妳必須讓散亂心成為專注心，然後放下專注心成為統一心，最後連統一心也要放下。當妳能夠做到時，就會知道自己是誰。」

所以，要開悟是容易的。你能放下你的過去、未來和現在嗎？假如不能，那是因為你不願意放下。或許只是理智上要放下，但內心深處你還是不願意放下自我。

有位年輕人穿著發出惡臭的襪子，在我的寺院裡打坐。我建議他把襪子丟掉，但是他說臭的是他的鞋子，不是他的襪子。於是我又請他把鞋子丟掉，他照做了，但是他的襪子還是臭的。我再次請他把襪子丟掉，他脫了下來，但把它放在一旁。然後，他把襪子拿起來聞一聞，說：「它聞起來的確很臭，但那是因為我的身體臭，只要我把襪子洗一洗就好了。」然後他又把襪子穿回去。

但是，他也沒有洗襪子，而且當我看到他時，襪子又更臭了。我們又重複了一次相同的對話，這次他答應我一定會洗，但最後還是沒洗。他說：「即使我洗了襪子，它還是會變臭。如果我把它丟了，買雙新的，也還是會變臭。這樣有什麼用？我還是穿著我的舊襪子吧！」

就像修行者一樣，我們理智上知道自我是所有煩惱的根源，應該放下自我，但是卻做不到，因為我們太喜歡、太執著它了，我們認為如果放下它，我們就會死了。即使真的把它丟掉，稍後還是會把它撿回來，這就像執著臭襪子一樣。

我們都有雙臭襪子，你準備好要丟掉了嗎？也許你的鼻子已經習慣這臭味。你撿起來，聞聞它們，然後跟自己說：「其實聞起來沒那麼臭。」

要從一切法中解脫，的確不容易。一切法都跟自我有關，如果有一法跟自我沒有關聯，那一法就不存在。無論是善法、惡法，執著於任何一法，包括佛法，都是錯將手指當月亮。假如你不能完全放下，就不會成為如來。

當你放下一切法，就可以成為永嘉禪師所說的「觀自在」。觀自在的觀，是解脫自由、沒有任何的限制，他可以在一瞬間看到所有的事物，不論是近的還是遠的，不論是過去、現在還是未來。觀自在並不限於看到事物的連續性，他於一瞬間，可以看到所有的事，因為沒有任何的執著或阻礙。大悲觀世音菩薩是一位觀自在，通常被描畫成有著許多眼睛。

只要我們仍然認為自己有個自我，就不會解脫，只要還沒解脫，就不會有像觀自在一樣的眼力。無論是凡夫的小我，或是神格的大我，都沒有差別，一有任何形式的「我」存在，就不會解脫。

有些宗教相信，善神永遠在對抗惡神。然而，會有人問：「假如只有一個神，那為什麼要創造惡？為什麼要創造一個讓祂有麻煩的東西？為什麼神不摧毀邪惡？」只要有自我和他人的分別，他人就會一直存在於外，而且無法征服。只要自我存在，他人也就會存在。當你達到心中沒有佛的層次時，就不會有魔。沒有善，就沒有惡。當沒有任何一法時，就不會再有障礙，這就是解脫。

當修行者負擔著業障時，就要深切懺悔，努力解決問題。在那之前，你會被業障所阻礙，而這業障是過去行為所種下種子的果報。只要還有自我，就有報應和業障。假如你能達到沒有法、沒有佛的境界，那麼所有的業障都會消失。

我有個天天使用的茶杯，我每天都清洗它，而且會用杯蓋蓋著，以保持清潔。假如我不用杯子喝水，就不需要蓋上蓋子了。杯子可能還會在那裡，不過跟我已經沒有關係了。如果你達到了沒有法的境界，業障的杯子可能還在那裡，但是跟你已經沒有關係了。當你沒有自我的時候，業障就無法障礙你。

假如我犯了重罪，我可能被逮捕，而且被判刑，因為我有身體和身分，那就很容易找到我。但是假如我沒有身體和身分，那警察要如何抓到我？同樣的道理，當你放下自我時，業障就不再會是個問題。它要去哪裡找你？放下自我並不表示你就不存在了，這僅僅表示你和他人之間，虛妄的隔離物消失了。當分別沒有了，自我消失，你就完全自由了。小我和大我消失，所有的業障也都消失了。

第三天：因害怕而生起的障礙

饑逢王饍不能飡，病遇醫王爭得瘥。
在欲行禪知見力，火中生蓮終不壞。
勇施犯重悟無生，早時成佛于今在。

永嘉禪師說，禪是修習佛法最好的方法。不幸地，根器較差的人無法接受禪的教法，或認為禪法並不適合他們。

有個故事是關於一個很飢餓的乞丐，來到國王的豪華宴會。他覺得很奇怪，因為周圍都沒有人。他感到害怕而沒有坐下來，因為他從來沒看過這麼豐盛的食物。他懷疑這是個陷阱，或是有人要殺他，所以給他吃最後一餐。這個乞丐感覺很惶恐，因此一點食物都沒吃就跑掉了。

根器較差的人遇到禪法時會害怕，懷疑自己是否適合這種修行方法。除非他有很大的勇氣，否則會因害怕而無法學習、修行，他會選擇留著自己的臭襪子，而不願獲得解脫。

有個人病了很久，看過許多醫生，也試過許多藥方，但是都沒有效。每位醫生都告訴他患了無法醫治的疾病，而且剩下的日子不多了。於是他去拜訪一位全世界最好的醫生，檢查過後，醫生說：「我可以醫治你的病，只要服用這帖藥。」但是這個人並不相信醫生的話，因為他已經被欺騙太多次了。他認為這位醫生只是在玩弄他的希望，想騙他的錢而已，因此在回家的路上，便把醫生給他的處方丟掉了。

你們之中有些人運用同樣的方法修行了很久，但並沒有太大的進步，或許你相信自己不會進步到下一個階段。昨天有人跟我說：「要達成佛果需要非常久的時間，而且這之間會有非常多的業障。有人說所有的業障在頓悟之後，全都會立即消失，但是我不相信。我還是回到比較實際的層面，跟我的煩惱在一起吧！」

大部分的人想要立即得到滿足，誰要花三大阿僧祇劫去誦讀佛經，以達到佛果？與這相比，頓悟聽起來比較好。然而，「頓悟」並不是指「快速」，也不是「容易」，而是當悟境現前時，它是瞬間發生的，但是我們必須非常用功，才能到達那樣的地步。不幸的是，無論頓悟或漸悟，人們總是害怕放下自我。

當你要選擇用哪一種方法時，記得病人和醫生的故事。如果你是那個病人，你願意聽從醫生的意見嗎？假使這位醫生說：「我可以治好你，但是需要動大手術。首先，要割除你的手和腳，然後割掉你的手臂和腿，再來要割掉你的心臟。這樣，問題就可以解決了。」你願意這樣做嗎？你能信任醫生到什麼樣的程度？

沒有了信任，即使是神醫也無法幫助你。你一定要對他的專業有信心，才能接受他的意見。同樣地，你已經遇上禪法了，但你可能無法完全接受它。大部分的人沒有足夠的勇氣和信心，接受自己是佛的信念，因此他們無法擁抱禪法。

在釋迦牟尼佛時代之前，有一位勇施比丘，他是個很英俊的比丘，有位富有人家的婦女愛上了他，便請他每天到家裡來為母親說法。後來，她終於成功地誘惑了這位比丘。她的丈夫發現後非常氣憤，想要殺死她。結果她毒死了丈夫，而且計畫和勇施一起逃走。勇施知道了這一切，覺得十分難過，因為他相信只有持守戒律的人，修行才能成功。於是他離開這個婦人，四處流浪，身上帶著一個牌子，上面寫著自己的罪行，到處乞求消罪的幫助和希望。但是無論他走到哪裡，得到的答案都一樣：「犯重戒的人是毫無希望的。」

有一天，勇施遇到鼻揉多羅菩薩，便向他訴說自己的故事。鼻揉多羅菩薩問他：「你說你犯了重罪，但什麼是重罪？罪有自性嗎？假如罪有自性，那麼你要如何去造它？假如你造了這些罪，那它們一定沒有自性。」勇施一聽到鼻揉多羅菩薩的話，立即開悟，成為東方世界知名的寶月佛。

即使是犯了重罪的人也能成佛。檢查一下自己，你有多壞？你可能從未殺過人。如果是這樣，那至少應該能夠像勇施一樣。你做不到的原因，是因為你相信自我的存在。

你或許喜歡我告訴你，罪的自性本空。你也許會想：「如果罪的自性本空，那麼我可以做任何我喜歡做的事，而且不會有任何果報。」這也不錯，但是另一方面，如果我說自我的自性本空，你可能會擔心：「那麼今晚會是誰在吃我的晚餐？在禪修結束後，是誰會遇到我？下星期一是誰要去做我的工作？」現在你或許會說：「我還有很多事尚未完成，我還有很多未來的計畫，我自己怎麼能是空的？」

禪坐了一會兒之後，你的腿會開始疼痛，心中打妄想。我已經告訴你不要去想事情，但是這時候，你可能會覺得思考非常好。當你累了或灰心的時候，你相信思考會有幫助，能夠消除疲累和不舒服。或許你在空想還沒有解決的生命問題，或是還沒有實現的生涯規畫。當你在想這些事的時候，肯定有一個「自我」涉入，毫無疑問地有一個「誰」在思考。如果你無法證悟空性，那麼你過去所有的業都會跟著你。如果你不能空掉自己，那麼你的罪性就不是空的。如果你能空掉自己，你所有的罪也會是空的。

師子吼，無畏說，深嗟懵懂頑皮靼。
祇知犯重障菩提，不見如來開祕訣。

無畏說指的是禪法，禪法就像是最有威力的獅子吼。但是，即使是最殊勝的教法，對心生畏懼的凡夫眾生來說，也沒有用。事實上，最殊勝、也是教導菩薩的教法，是沒有語言、沒有形式的。這樣的教法，超越凡夫的理解。

牛戴著牛軛許多年之後，會在脖子附近長出厚厚的繭。假如你用一根針去刺牛脖子，牠可能沒有什麼感覺，因為牛脖子上的皮膚，已經變得感覺遲鈍了。許多人就像牛一樣，他們會想：禪跟我沒關係。或者，他們吸收這種教法的速度非常慢，等到他們終於學到了一些東西時，頓法已經變成了漸法。

我告訴你們自性本空，而且你們可以經由頓悟而獲得佛果。不幸地，許多聽到這教法的人，已經有了先入為主的想法，認為他們有罪，而且有重大的業障。他們相信修行是很困難的，所以無法接受這樣的教法。你所要做的，就是接受教法，對自己、對方法和對修行有信心。如果你能夠如此，阻礙自然就會減少和消失。

如果你想接受禪法，一定要馬上放下你先入為主的觀念。假如不能做到，那就要專注在方法上，堅守著方法，以排除所有其他的事物；而當你偏離時，就要回到方法上。不要期待別人的提醒和鼓勵。最後，你要自己決心放下對自我的執著，並且真正地摸透方法。

第四天：嚴守戒律

有二比丘犯婬殺，波離螢光增罪結。
維摩大士頓除疑，猶如赫日銷霜雪。

這段偈頌中，永嘉禪師解釋大乘教法中的戒律。對凡夫而言，安住於戒不但是佛法的基礎，也是在佛道上進步的先決條件。佛教通常會論及戒、定、慧三藏為修行的基礎。戒包含遵守佛教徒的戒律，根據佛法，沒有端正的品行，要入定和顯發智慧是很困難的。

聲聞乘非常強調要遵守戒律，它把出家修行者和在家修行者區別開來，在家人的標準不像出家人那麼嚴苛。由於在家人要養家並累積財富，無法完全沒有欲望，因此在聲聞乘傳統中，在家修行者最多只能達到三果的境界。只有比丘和比丘尼經由嚴持戒律和精進修行，才有機會證得第四果——阿羅漢果。

相較之下，大乘傳統的頓法強調「心」。當然，行為會造業，但是對持戒而言，目的和動機更重要。你可能沒有真的跟人發生性關係，但是如果在你的心中，一直對某人充滿欲望，那你已經在你的意念中犯戒了。而且，如果可能的話，跟某人發生性行為，但是心中完全沒有欲念，那也不算破戒。你可能沒有真的動手殺人，但是如果你想要殺人，有這樣的想法，就犯了第一條殺戒。另一方面，如果你動手殺人，但是心裡完全沒有殺意，那就沒有犯戒。然而，無論是哪一種例子，只要一破戒，就造了業，也就會有報應。

在這段偈頌中，永嘉禪師引用了一個故事：在釋迦牟尼佛時代，有兩位比丘在山上修行，一位出去托缽，另一位在睡覺。有位撿拾柴火的婦女經過，看見這位睡覺的比丘，便跟他燕好，但是這位睡覺的比丘完全不知情。等他醒來時，看到正在整理服裝準備離開的婦女，才知道自己犯了重戒，感到非常委屈。

另一位比丘回來，知道了這件事之後很生氣，趕緊去追那名婦女，打算質問她。這位婦女看到後面有個比丘在追她，就慌張地快跑起來，但是一不小心掉下懸崖死了。這位比丘感到很難過，說：「首先，我的朋友犯了淫戒，而現在我犯了殺戒。」

他們一起去請教優波離，優波離是釋迦牟尼佛的親近弟子之一，以持戒清淨而聞名。優波離判定這兩位比丘的確犯了戒，便要求他們離開寺院。但是他們並不滿意優波離的判決，所以又去請教維摩詰菩薩摩訶薩。

維摩詰說：「優波離尚未充分了解大乘的教法，而你們兩位在許多世之前，就具有大乘根器。你們沒有犯戒，因為你們的行為不是蓄意的。」維摩詰的話消除了他們的疑惑，就像豔陽融化了冰雪一樣。相較之下，優波離的智慧就像是螢火蟲的光。

如果心不動，就沒有罪產生。而且，當心不動時，之前的罪也就消失了。如果心又動，那麼之前的罪又會回來。如果心暫時不動，那就是「定」了。然而，定並不是禪所說的「無心」狀態。當有人真正達到無心時，沒有罪產生，之前的罪也會消失，這就是大乘傳統的頓法。

不思議，解脫力，妙用恆沙也無極。
四事供養敢辭勞，萬兩黃金亦銷得。

像解脫的禪者這樣的人，已經超越了所有的執著，而且會以智慧與人互動。他可以沒有執著地接受一萬盎斯黃金，如同一般贈予僧團的四種供養——食物、衣服、醫藥和臥具一樣。

粉骨碎身未足酬，一句了然超百億。

頓悟的教法稀有難遇，因此我們願意對三寶做任何供養，包括我們的身體。釋迦牟尼佛在某個過去生是位菩薩，那時他從未聽過佛法。當時，三十三天的帝釋天化身為魔，躲在釋迦牟尼佛身旁的一棵樹後面，並且說：「諸行無常，是生滅法。」

釋迦牟尼佛聽了之後，深受感動。他看看四周，問：「這是誰說的？」這時化身為魔的帝釋天便現身了。釋迦牟尼佛問：「你剛剛說的話出自哪裡？」

帝釋天回答：「這是佛法。」

釋迦牟尼佛問：「你能多告訴我一些佛法嗎？」

帝釋天回答：「還有兩句，不過我太餓了，一定要先吃些人肉才能說話。」

釋迦牟尼佛說：「我願意供養我的身體給你當食物，但是你要先把後面兩句告訴我。」

帝釋天拒絕他：「不行，我一定要先吃掉你才有力氣，那時我再告訴你後面兩句。」

釋迦牟尼佛說：「那我就死了，聽不到你說的話了。」

帝釋天說：「那我們妥協好了。你站在樹上，我在樹下，你就往我張開的嘴巴裡跳下來。當你往下跳的時候，我就說出那兩句話。」

釋迦牟尼佛認為聽聞佛法比活下去更重要，於是他爬上樹頂，然後往下跳。帝釋天信守他的承諾，說出了後面兩句。釋迦牟尼佛原本以為自己會跳進惡魔的嘴巴裡，卻發現自己躺在帝釋天柔軟的手掌中。這時，帝釋天恢復他原本的面貌，告訴釋迦牟尼佛，這只是個試煉。

你有多想要知道帝釋天的後面兩句佛法？你是真心地想要追求佛法嗎？讓我也和你做相同的約定來測試你的信念：若是你從屋頂上跳下來，我會在你撞到地上之前，說出這兩句。或許你沒有像釋迦牟尼佛的勇氣，然而，既然你來到這個禪中心參加禪修，表示你多多少少是認真的，所以我就說出這兩句給你們聽：「生滅滅已，寂滅為樂。」

已經從佛法中得到利益的修行者，或是想要從佛法中得到利益的人，應該付出他們所有的一切，來恭敬供養三寶。光用嘴巴講沒有用，你必須認真地供養。如果你不供養或是恭敬三寶，那麼從佛法中所聽到的或是獲得的，就容易被你忽略。如果你不認真地供養，那可能是因為你太容易遇上佛法了。需要費盡千辛萬苦才能獲得的東西，就會很珍惜。你最珍惜的教法，就是唯一能夠幫助你的法。

我戴的手表不值錢，但是我願意用一隻金表去換取它，因為它曾經是我師父東初老人的手表。師父往生後，他的侍者繼承了它，後來我用一隻比較好的表跟他換。這隻表走得不是很好，必須經常修理。曾經有學生要供養我比較好的表，但是我不要，因為這隻表會讓我想起我的師父，而我深深地尊敬他。

我仍然留著當初出家時的袍子，這些東西都不值錢，但是珍惜它們代表著對我師父的尊敬，那位教導我佛法的人。想想佛法有多珍貴！但是只有當你了解它有多珍貴時，它才能真正地利益你。

下次當你喝水時，請記得它是從哪裡來的。如果你知道源頭在哪裡，就可以去取更多的水。當你從教法中受益時，便應該感謝三寶——佛、法、僧，因為這就是教法的源頭。佛法的源頭是無窮盡的，但是沒有感恩的心，今天所獲得的利益，明天就會不見了。

你應該要能供養出你認為最珍貴的東西。在釋迦牟尼佛時代，有位很窮的婦人，她只有一個碗。有一次，她去乞討了一些油，然後當作油燈般點燃了供養佛陀。富有的人供養了上千盞油燈，但是釋迦牟尼佛卻說這位婦人的供養，是這個世上最殊勝的，因為她供養了她的所有。

對接受供養的人來說，供養這件事不像對供養者一樣那麼重要。佛陀並不在意你給他什麼東西，三寶、祖師大德和師父也不會。最近有人跟我說：「師父！我實在很想供養你一些東西，來表示我的感恩，但是你看來並不需要什麼東西，所以我用說謝謝來代替。」

我說：「供養是為了你自己的利益，不是為了我，那是你的事，跟我沒有關係。」

對於你所接受的教法，應該感恩三寶，而且應該供養，以表示你的感恩。

任何無條件的供養，就是最真誠的供養。我不是要你把手伸進口袋，將裡面所有的錢都掏出來。你能給的第一份供養，就是相信、接受、追隨，而且投入你所學到的方法。你要信任自己並且有信心，運用那樣的信任與信心，來增加你的專注力及安定你的心。在這禪中心的禪修期間，每個人、每件事、每一刻都能幫助你修行。精進！這份供養對我來說就足夠了。

第五天：相信自己、相信方法、相信佛法

法中王，最高勝，恆沙如來同共證。
我今解此如意珠，信受之者皆相應。

「法中王」指的是佛陀，也代表究竟法——大乘的頓教法門，它比外道和聲聞乘的開悟經驗更為殊勝。

你一定要體驗最高的法，來達成佛果。頓法為一切如來所有，也為十方諸佛所共享，不需要三大阿僧祇劫來達成佛果。獲得頓悟的剎那，你所體證的

法，就和佛陀一樣。

當漸悟法門的修行者達到菩薩的初地時，他所體悟的是菩薩初地的體驗，他完全不知道佛果是什麼樣子；如果他獲得聲聞乘的阿羅漢果，那麼他體驗到的是阿羅漢的體驗，也不是佛陀的體驗。但是，當一個人經由頓法達到證悟，他所證悟的就和佛果一樣。外道的大修行者，最多只能證得一種虛幻的「無心」狀態，阿羅漢所證得的，是空的「無心」狀態，然而經由頓法而獲得的證悟，則是非空非有的「無心」境界。

請了解！並不是你證悟之後就成佛了，你所體悟的確實是佛果，但你還不是佛。經由體悟所獲得的智慧，是佛陀的智慧，但是你的行為還是凡夫的行為。在你獲得證悟的經驗之後，一定要更精進，才能保護並滋養你的聖胎，這是胎兒般的佛陀，不是成人的佛陀。通常有證悟的體驗之後，你將沒有困難地決心修行，因為你的信心更深了。但你還只是凡夫，除非你一再地體證開悟，來加強你的修行，否則智慧將會消退。

「我今解此如意珠」有兩種解釋，其中一種解釋，可以說永嘉禪師顯露了他自己的珍寶給我們——他與我們分享他的智慧，或者也可以說，永嘉禪師鼓勵我們去發現自己內在的寶珠。兩種解釋對我們的修行都有幫助。

摩尼寶珠代表究竟的智慧。八地菩薩是從色法或物質的障礙中解脫，九地菩薩是從所有心法的障礙中解脫，而摩尼寶珠代表佛陀的智慧，它是從所有的色法與心法中解脫，它的力量是無限的。然而我們要先發掘它，才能運用它。

想像有顆寶珠被藏在沼澤底，有人知道那裡藏著很有價值的東西，便用一根棍子去探查這片泥沼地。經過一番努力之後，他似乎看到寶珠瞬間一閃，但是馬上又不見了。他必須花費極大的力氣，來清除所有的泥淖，才能讓這顆寶珠完全顯現，而且保證它不會再度隱藏起來。只有當寶珠脫離了所有的阻礙，才能為他所用。但事實上，摩尼寶珠不會被任何事物所障礙，是因為我們有障礙，才無法顯露、運用我們的寶珠。

一個人一旦看見了摩尼寶珠，或體驗了真正的開悟，修行就會格外精進。他了悟到這樣的事是存在的，而他所要做的，就是繼續清除煩惱的泥淖，他的信心是堅定而不動搖的。如果修行人聲稱體驗了開悟，但是對自己的修行並不是很努力，那麼他的證悟是否真實，可能會讓人懷疑。

然而，禪宗有些故事跟我所說的相違背。我之前曾說過一個關於兩位行腳比丘的故事：一位比丘精進修行，另一位比丘整天睡覺。

你或許記得這個故事，百丈禪師稱讚黃檗禪師在禪堂睡覺，而喝斥其他看起來正在認真修行的人。

六祖也曾說過：「當你的心不被愛恨困擾時，你就可以放腿和休息。」

這些祖師似乎建議禪者在開悟之後，不需要繼續修行，但是並非如此。這些特殊的例子，是在描述有甚深證悟的禪修者，對佛法有堅定的了悟。他們清楚看見了佛道，而且會穩定地進步。他們沒有疑惑和混淆，沒有任何人或事，可以讓他們遠離佛道或動搖決心。相反地，如果禪修者不確定自己在做什麼，或是不清楚要怎麼走，那麼他還是需要以一般的方式來修行。

未開悟的修行者，就像是一隻想要飛出房子外的蒼蠅，牠一直在窗戶上嗡嗡地飛，可是牠飛來飛去，就是沒辦法飛出去。有深刻開悟經驗的禪者看起來很輕鬆，甚至有些懶散，但實際上他們的修行平順而穩定。

不需要為蒼蠅感到難過。跟知道門在哪裡的人比起來，這隻蒼蠅的確看起來很笨，但至少牠盡了力想飛出去，遲早蒼蠅會找到出口的，牠所要做的，就是努力飛。通常人們還比不上蒼蠅有毅力。

你對於自己和方法，有足夠的信心嗎？現在你可能像蒼蠅一樣，但是在禪七之後，你仍然會努力修行嗎？記得我的話，當你晚上打坐時，如果有朋友打電話來約你出去，你會怎麼做？你會繼續在方法上用功，或是離開蒲團，加入你的朋友？

我沒有辦法給你摩尼寶珠，也沒有辦法把它解釋給你聽。你一定要自己接受頓悟的教法。它需要信心，但是如果你有信心，還需要精進修行，你就能接受禪法，最終你將會顯露出代表佛陀智慧的摩尼寶珠。

然而，在實相中，摩尼寶珠是不存在的。永嘉禪師在下一段偈頌中，說明了這一點。

了了見，無一物，亦無人，亦無佛。
大千沙界海中漚，一切聖賢如電拂。

為了能在佛道上前進，你一定要接受摩尼寶珠這一法，然而你不能執著它的存在。事實上，你不能執著任何一法。剛開始修行佛道時，一定有一個

「自我」在接受教法，修習教法；最後，必須放下自我，或是任何執著於達到開悟的想法。如果人們跟隨著教法，並且努力修行，他們將會開悟，最後證得佛果。

一切現象就像大海中的泡沫，都不是真實的存在，只是水暫時包裹著空氣的變化。宇宙中所有的事物——輪迴和涅槃、眾生和諸佛，都是虛幻的泡沫。所有的聖人、菩薩和諸佛，就像閃電一樣。你能體驗到他們的力量，但是不能抓住他們，就像抓不住閃電一樣。認為諸佛和菩薩有具體的存在或自性，是一種幻想。

我們接受有一顆摩尼寶珠，但是我們不應該認為這寶珠有固定形狀或外貌。如果真是這樣，它就只是一般的珠寶而已。它之所以珍貴，是因為摩尼寶珠沒有固定的形狀，所以能產生無限的力量，展現出無盡的功能。它沒有具體的存在，但是如果你接受，並且了解摩尼寶珠這一法，那麼你將永遠不再失去它。

假使鐵輪頂上旋，定慧圓明終不失。

鐵輪是古代的武器，是一種旋轉、灼熱的輪子，外圍有尖銳的刀，能夠割切它所碰到的任何東西。一旦你得到摩尼寶珠，就沒有任何事物能阻止你修行，即使是這種可怕的武器，在你的頭上旋轉。

你可以另外的方式，來詮釋這句偈子：一旦你接受了佛法，而且決定追隨這教法，就應該將修行當成世上最貴重的東西，甚至比你的生命更貴重。即使鐵輪在你的頭上飛，你都不應該離開修行，或是放棄這教法。

日可冷，月可熱，眾魔不能壞真說。
象駕崢嶸謾進途，誰見螳螂能拒轍。

我們應該要對佛法有信心，即使有外在力量迫使我們遠離修行，也應該願意做任何事來保護它。或許外在的力量大到能夠讓太陽變冷、月亮變熱，並且試著將你拉離修行，但不要因此而受到影響。在這次禪七中，我們只有天氣熱、警車聲和鞭炮聲的干擾，這些應該都不是問題。如果你能夠為了法而放棄生命，即使是可怕的鐵輪，也無法阻撓你，那還有什麼外在的力量，能夠阻止你修行呢？

頓悟教法是無法被摧毀的。外道修行者和漸教法門的佛教徒或許會說沒有頓悟這樣的事，但是批評並不能摧毀大乘頓悟教法。試圖暗中破壞頓悟教法，或是阻礙一個已經下定決心的修行者，就像是螳螂試圖阻擋行進中的大象一樣。

大象不遊於兔徑，大悟不拘於小節。
莫將管見謗蒼蒼，未了吾今為君決。

我們無法藉由行為，來判斷一個人是否徹悟，也不能說他的行為有罪或無罪。佛教的聖者外表看起來跟一般人一樣，這就產生了問題。自佛陀時代以來，人們從一個人的行為有無錯誤和缺失，來判斷他是否為聖者。但是，他們依賴的是自己扭曲、狹隘的世界觀。聖者和偉大的修行者，是以開放的態度，活在這個相信感官的世界，而不會墨守常規。

永嘉禪師提醒未開悟的人，不要去判斷偉大的修行者，特別是用自己狹隘的標準，來判斷自己的師父。你跟著師父學習，是希望能從三寶中獲益。如果你懷疑師父，就不會對他有信心，修行就會多災多難，為自己製造問題。更糟且更可憐的是，你甚至會讓其他的學生也產生懷疑。

有句俗語說：「狗眼看人低。」這種說法，是基於相信狗不會對穿著整齊的人叫，而會對衣著邋遢的人狂吠。相信這種老套的想法，可能會導致自己出現錯誤、懷疑和有害的行為。學生不應該懷疑偉大的修行者，特別是自己的老師。如果你對自己的老師沒有信心，你又能夠從他的身上學到些什麼呢？

大象走在寬闊的道路上，就像偉大修行者的心是寬廣的。一般人就像兔子一樣，跳躍在小路上，偶爾還會藏在草叢裡。兔子認為大象很笨重，因為大象不能走在崎嶇的小路上，而且大象無法得到環境的幫助，因為牠沒有祕密的藏身處所。

有人住在沒有窗戶的屋子裡，而且從來沒有出去過，所以不知道天空長得什麼模樣。如果他在牆壁上挖個洞，然後透過這個小洞去看天空，他會認為天空是個藍色的小圓點。如果你告訴他，天空中有太陽和月亮、雲朵和彩虹、星星和銀河系，他會認為你瘋了。所以，不要太依賴你有限的覺察力，來判斷偉大禪修者的行為。

相反地，禪師不能覺得自己可以自由地做任何想做的事。只有在例外的情況下，才可以運用特別的方法來教導學生。畢竟，例外的情況，需要特別的方法，但是如果他相信自己已經開悟了，而且超越了戒律，那麼他就不是一位真正的禪師。

四世紀時，鳩摩羅什來到中國。中國皇帝認為這麼聰明的人，應該要有後代來繼承他的聰明才智，就送給鳩摩羅什幾位妻妾，因為是皇帝的御賜，所以他只好沒有選擇地接受了。之後，他的弟子們問他：「我們可不可以也跟女性發生關係？」

鳩摩羅什說：「當然可以！不過，先讓我給你們看一些東西。」他拿了一把針，當成是麵條一樣地吞下去，接著把針從毛孔中射出，然後說：「如果你們也能做得到，就可以跟女性發生關係。」

我聽過一些禪師在西方的問題行為。假如這些事屬實，那他們就不是真正的禪師。然而，他們好意地把禪法帶到西方，給了許多人從來沒有過的機會。禪師個人的生活，是他們自己的事，但人們還是應該感激他們的貢獻。

印度神話裡，提到一種特別的天鵝，當牠喝下牛奶和水的混合液時，可以只喝進純粹的牛奶，而不會喝進一滴水。美國的佛教徒對於有問題的老師，應該採取類似的態度。跟他們學習佛法，盡可能地吸收好的教法，並且遠離惡緣。

我希望你們接受並修習我教給你們的教法，吸收你們覺得很好、有用的部分，而把你們不喜歡的部分還給我。

自在隨筆

國家圖書館出版品預行編目資料

智慧之劍：永嘉證道歌講錄（大字版）/ 聖嚴法師著；
莊國彬譯. -- 初版. -- 臺北市：法鼓文化，
2025.08
面；　公分
譯自：The sword of wisdom
ISBN 978-626-7345-87-0(平裝)

1.CST: 禪宗 2.CST: 佛教說法 3.CST: 佛教修持

226.6　　　114008255

家中寶43

智慧之劍——永嘉證道歌講錄（大字版）

The Sword of Wisdom

著者　聖嚴法師
譯者　莊國彬
出版　法鼓文化
總監　釋果賢
總編輯　陳重光
編輯　詹忠謀
內頁美編　小工
地址　臺北市北投區公館路一八六號五樓
電話　(02)2893-4646
傳真　(02)2896-0731
網址　http://www.ddc.com.tw
E-mail　market@ddc.com.tw
讀者服務專線　(02)2896-1600
大字版初版一刷　二〇二五年八月
建議售價　新臺幣二八〇元
郵撥帳號　50013371
戶名　財團法人法鼓山文教基金會—法鼓文化
北美經銷處　紐約東初禪寺
Chan Meditation Center (New York, USA)
Tel: (718) 592-6593　E-mail: chancenter@gmail.com

法鼓文化